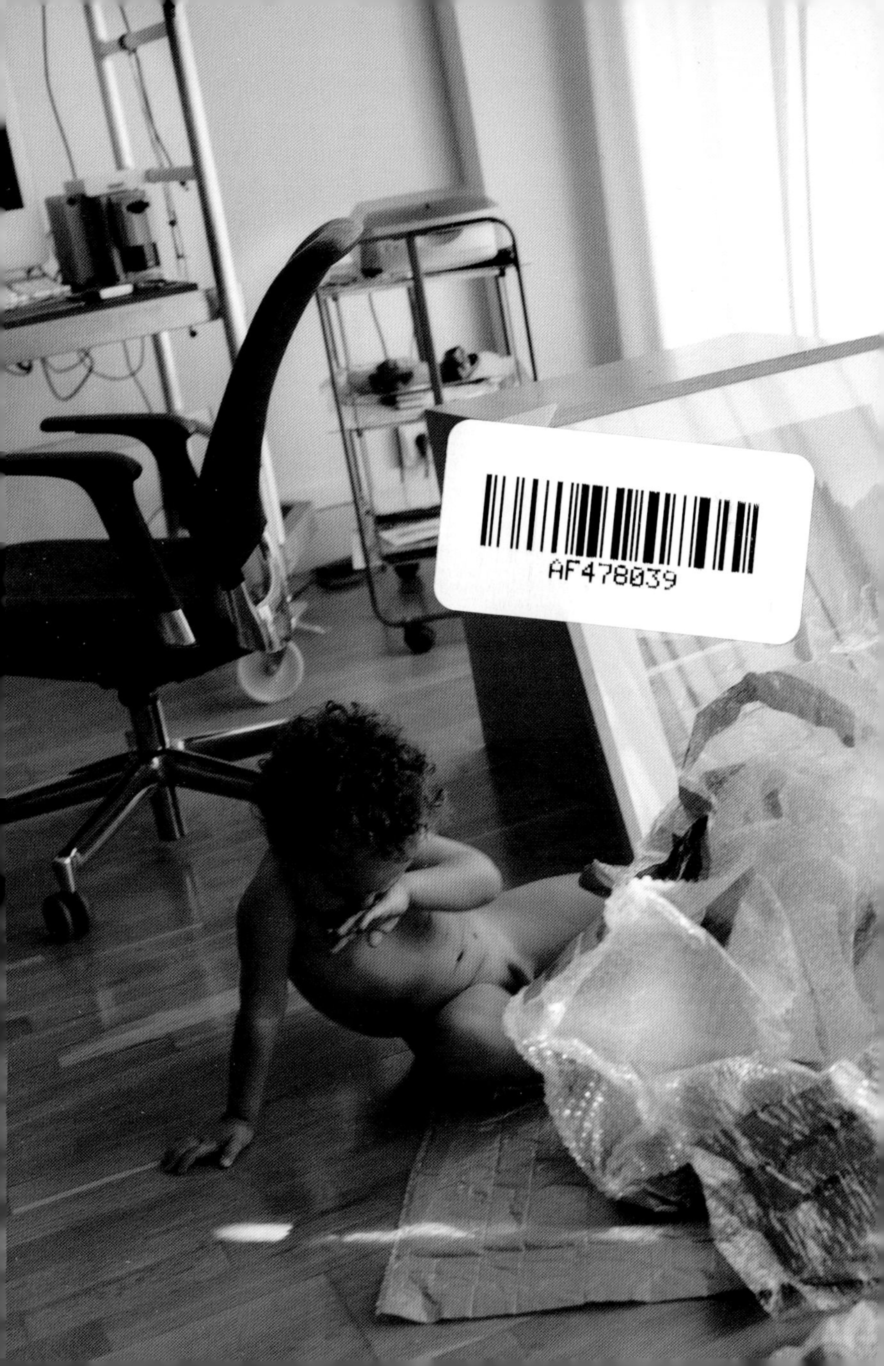

AF478039

Biblioteca PHotoBolsillo

Txema Salvans

PHoto**Bolsillo**   LA FABRICA EDITORIAL

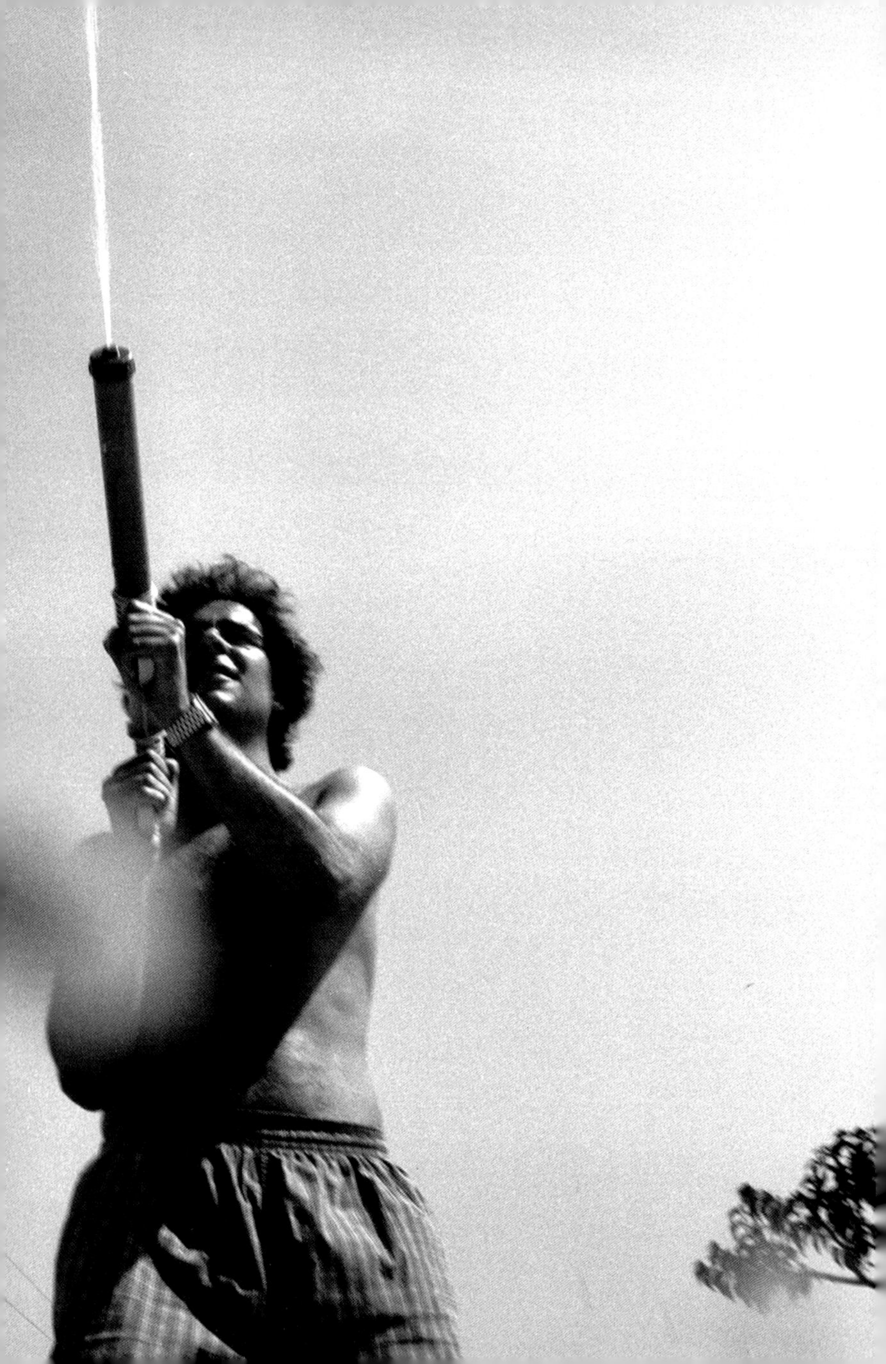

Txema Salvans

Intermediario de alta intensidad

Por Pepe Baeza

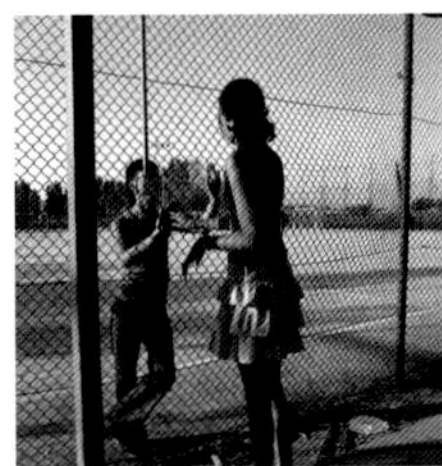

Castelldefels, 2006

La fotografía es una manera de intensificar la experiencia de estar plenamente presentes en cada lugar y en cada momento. Practicarla favorece la atención, da variedad y profundidad a lo más cotidiano y convierte el ejercicio inevitable de mirar en un placentero entrenamiento hacia la consciencia. Estos modos de experiencia alrededor de la fotografía ya serían motivo suficiente para dedicarse a ella toda la vida, pero aún queda un nivel más elevado: algunos fotógrafos abordan con éxito el complejo terreno de la intermediación y de esta forma trascienden los límites de la contemplación para intervenir en la misma conformación de la idea que tenemos del mundo. Txema Salvans es uno de ellos.

Como profesional, Salvans garantiza siempre una adaptación muy eficaz de su estilo, que es solo aparentemente espontáneo, al rigor de un encargo. Como fotógrafo documental, es un cualificado médium capaz de otorgar sentido a las acciones y a las expectativas (o a la falta de ellas) de nuestros semejantes. Su obra es muy peculiar porque Salvans necesita una conexión vital con los temas que elige y eso lo aleja de los repertorios temáticos y de la función constatativa de otras prácticas cercanas, como el fotoperiodismo. A pesar de ello, sus fotos son muy conocidas porque la prensa ha recurrido con frecuencia a la frescura de su mirada para reflejar distintos aspectos de las relaciones humanas, pero su forma de trabajo no se aviene nada bien con las temáticas más habituales del reportaje.

Así que Salvans aplica su propio método de trabajo, que consiste en marcarse una agenda abierta que le permita decidir sobre la marcha el plan del día. Este plan puede consistir en sumergirse en el sopor de un camping, acompañar con su cámara a los invitados de una boda o disfrazarse de topógrafo para fotografiar prostitutas en una autovía. Puede decidir ser, en un momento dado, cazador de instantes y al día siguiente hacer de artista; trabajar en soledad el martes, y el miércoles en compañía de otro fotógrafo amigo; perseverar a veces en el logro de un resultado o dejar correr a continuación una realidad irrepetible en la sabia conciencia de que querer aprovecharlo todo convierte a la fotografía en una actividad inabarcable. Ser un atento y exigente oteador de las personas no lo obliga a producir con regularidad; como nos pasa a todos, unos días sirve para trabajar y otros no, la diferencia está en que él elige a diario.

En las fotos de Salvans hay algo de expresión pública de su sorpresa ante el mundo, pero no es que sea un ingenuo, sino que tiene plena conciencia de que la actitud que adoptamos ante la vida influye en la forma en que esta nos trata. Y la fotografía tiene para Salvans un carácter redentor; es una forma de relacionarse con las personas, con los animales y con las cosas, un mantra de desconocida raigambre interior que le ayuda a modular la realidad como forma de incorporarla. Para alguien que ejerce su oficio con tanta intensidad, hablar de pasión no es suficiente, la foto se convierte en una forma de vivir. Salvans convierte la práctica fotográfica en una permanente articulación de impulsos y gestos de captura; es un ejemplo claro de persona que piensa a través de las imágenes que genera. Es, por tanto, alguien que cuando fotografía no solo constata, sino que proyecta al mismo tiempo un juicio sobre la realidad, un análisis estético sobre la forma en que se le presenta, y que concluye el proceso atendiendo a la conexión de lo que tiene delante de la cámara con las imágenes mentales que asocia a ese instante, a las respuestas que da su cuerpo y a las emociones que todo el proceso suscita. Solo las palabras quedan fuera. Y eso que, en otros ámbitos de su vida, es un orador de enorme eficacia.

Cuando las imágenes se generan y se entienden con intensidad solo el lenguaje poético parece apto para disputarles la capacidad de penetrar en lo más intrincado de los misterios del mundo. De hecho, las buenas fotografías son como los buenos poemas: unidades concentradas de sentido que penetran el blindaje de lo literal para abrirnos a la comprensión de estratos más profundos de la mente. Esta fotografía se presenta en algunos autores que son capaces de dar a ver lo que no puede decirse, capaces de lograr que al contemplar sus imágenes podamos llegar a

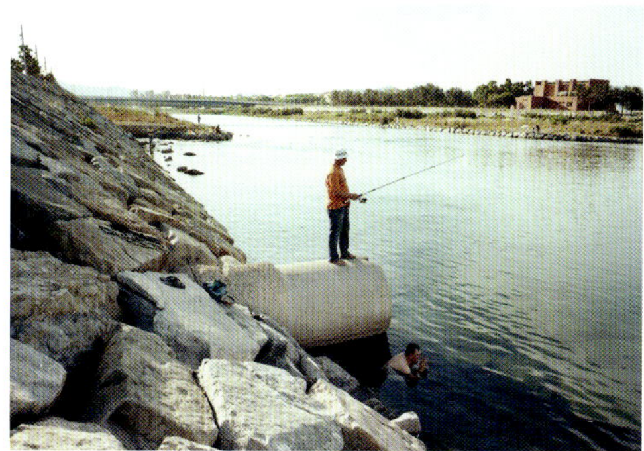

percibir sensaciones sin estar en contacto con estímulos físicos: una temperatura, una brisa, una textura o unos sonidos de fondo son entonces intuidos desde una sugestión que está implícita en las cualidades de algunas imágenes, aquellas que son portadoras de una extraña sinestesia sin experiencia previa y que otorgan un conocimiento que está más allá de cualquier explicación.

De todas las formas retóricas que el lenguaje poético es capaz de desarrollar, la fotografía obtiene los mejores resultados de la metonimia. Ese estar presente en el lugar y en el momento, que tan bien nos enseñó Cartier-Bresson, esa proximidad preñada de sentido, esa conexión física que otorga a la fotografía el carácter de huella selecta, es lo que nos acerca a los niveles más altos de la expresión fotográfica. Salvans conoce todo el potencial de permanecer en los lugares, de dejar que la realidad vaya combinando los elementos dispersos de que está compuesta hasta ofrecer esos momentos de sentido condensado que, convertidos en imágenes por un fotógrafo atento, nos ofrecen esa alegría de comprender y compartir. Nunca la imaginación ha sido capaz de alcanzar la profundidad y la variedad que la realidad ofrece y que la fotografía recoge.

Y además Salvans actúa como un creador que se sabe usuario de una herramienta social de primer orden, aquella que ha hecho que la sociología visual sea ya una disciplina académica. De hecho, es una profunda curiosidad por la sociedad lo que parece justificar la avidez con que Salvans se aproxima, rodea y captura la esencia de algunas prácticas significativas de sus contemporáneos. Autodidacta intuitivo, su interés por los grupos humanos y por las psicologías de los personajes implicados en sus historias se ha ido desarrollando conforme su obra maduraba. Parece componer, con su trabajo, un panel confuso e indescifrable de sujetos en sociedad, como el mapa icónico con que en sus inicios intentó explicarnos –y tal vez explicarse a sí mismo– el sentido de entrecruzar historias aparentemente inconexas. Con ello realizó un producto visual que representaba el esquema de sus impulsos al relacionar realidades y, al mismo tiempo, una forma de decidir si darles continuidad o aparcarlas en vía muerta, exactamente como en el plano de una red de metro en construcción. Después de aquella fase de intensidad extrema, marcada por la fiebre de invadir con su angular y con su flash anular el centro físico de tantas relaciones humanas, Salvans se ha relajado un tanto y ha desplazado su forma de trabajo

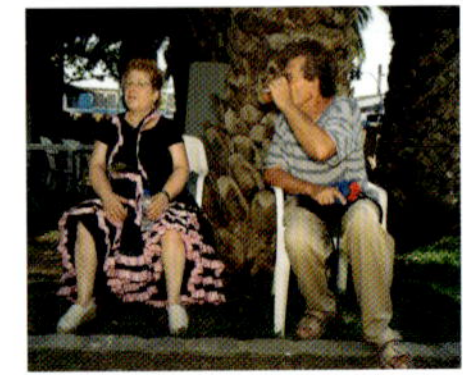

Hospitalet, 2009

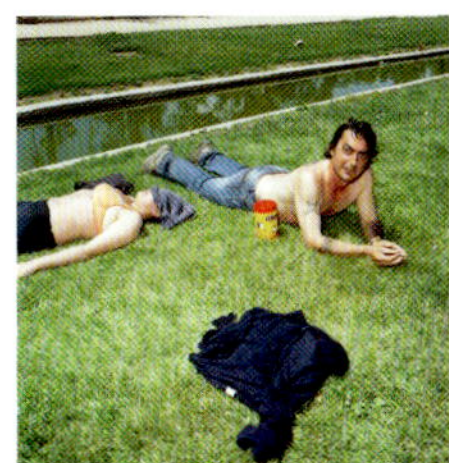

El Prat de Llobregat, 2006

hacia una mirada más reflexiva, representada por el uso de formatos más grandes y de una fotografía mucho más sosegada. Una fotografía parecida a la de los paisajistas «posindustriales» que tanto abundan, si no fuera porque, como él mismo reconoce, la viveza de la presencia en sus fotos de los seres humanos que habitan esos espacios y que Salvans no evita le aleja de la aprobación de la crítica fotográfica oficial, aquella apegada a los intereses de los coleccionistas que prefieren que la condición humana no los interrogue desde la pared de sus viviendas o sus despachos.

Hasta llegar a la cámara de placas: en una de sus últimas series se abre una curiosa disociación entre un estilo que parece acatar los cánones establecidos por la fotografía artística actual y un resultado final que contradice el estilo elegido a través de la narración vibrante de una historia sobre las motivaciones humanas más recónditas y de la forma en que adquieren expresión pública. Las fotos de prostitutas en las carreteras españolas, uno de sus últimos proyectos, es un ensayo de gran agudeza sobre la conexión entre el deseo sexual de unos clientes de los que nunca tenemos constancia visual y las formas estereotipadas de mostrarse como objeto de las prostitutas en medio de unos significativos escenarios que hablan del contexto económico y cultural en que la transacción se efectúa. Un intercambio que, a diferencia de los tiempos de Brässai o de Colom, se organiza a plena luz del día en medio de paisajes desoladores y que Salvans representa con toda justificación a través de esa sobreexposición que produce imágenes casi blancas, expresión de la ceguera por deslumbramiento que surge cuando arrojamos luz sobre aquello que estaba en la penumbra.

Instaurada definitivamente en su estatus paradójico entre lo que muestra y lo que sugiere, la fotografía solo se entiende aceptando que su sentido depende de una dialéctica en la que ninguno de los dos términos puede anular a su complementario. Txema Salvans lo sabe y, dispuesto a seguir las nuevas formas que este lenguaje puede continuar descubriendo para llegar a formas más profundas y variadas de significar, convierte su pulsión por el registro en una función social tan escasa como necesaria: la intermediación fotográfica de alta intensidad.

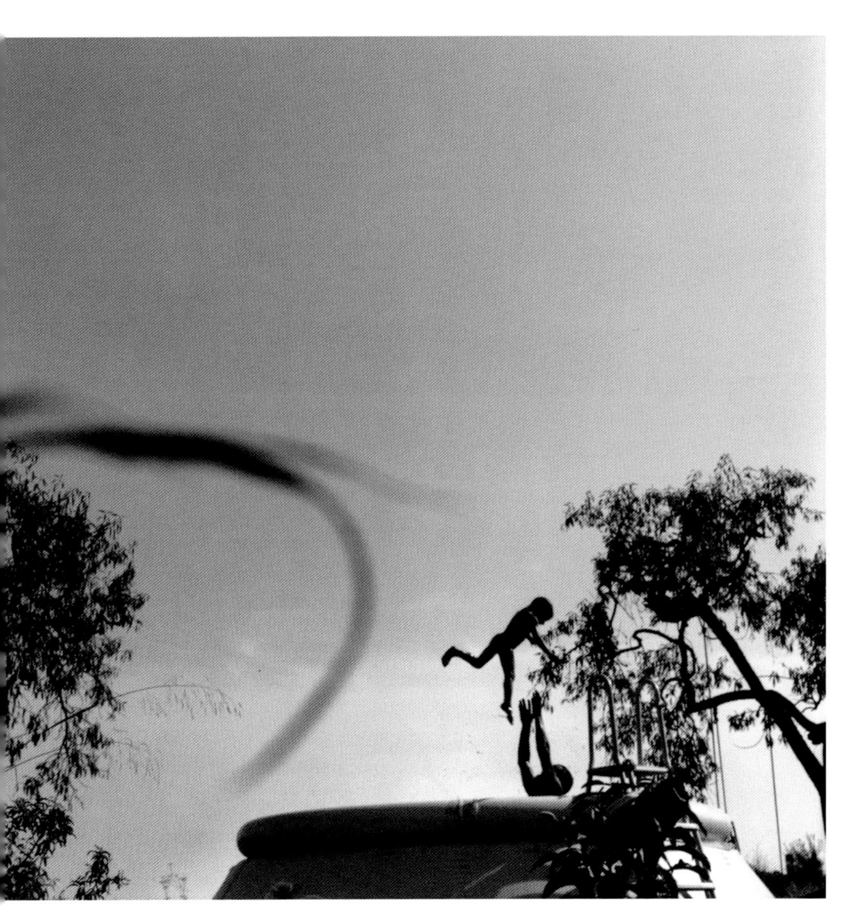

01. Castellfollit del Boix, 2002

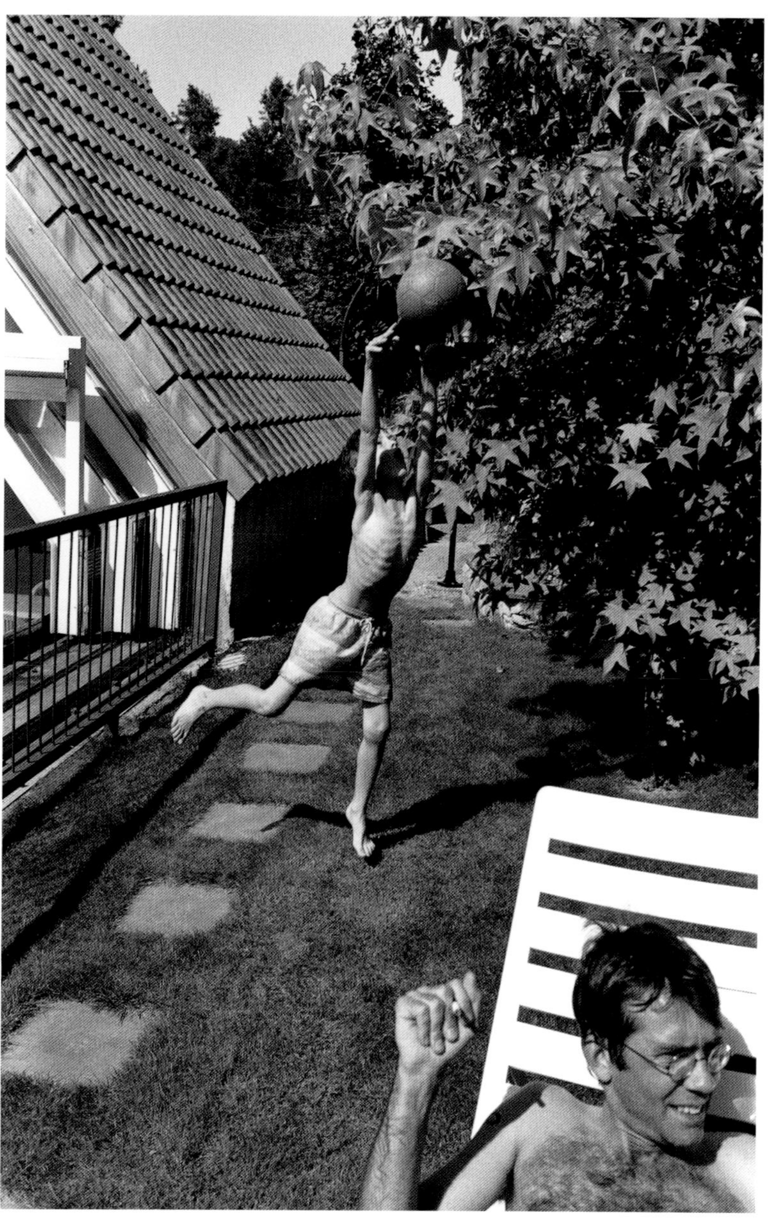

02. Sant Cugat del Vallès, 2002

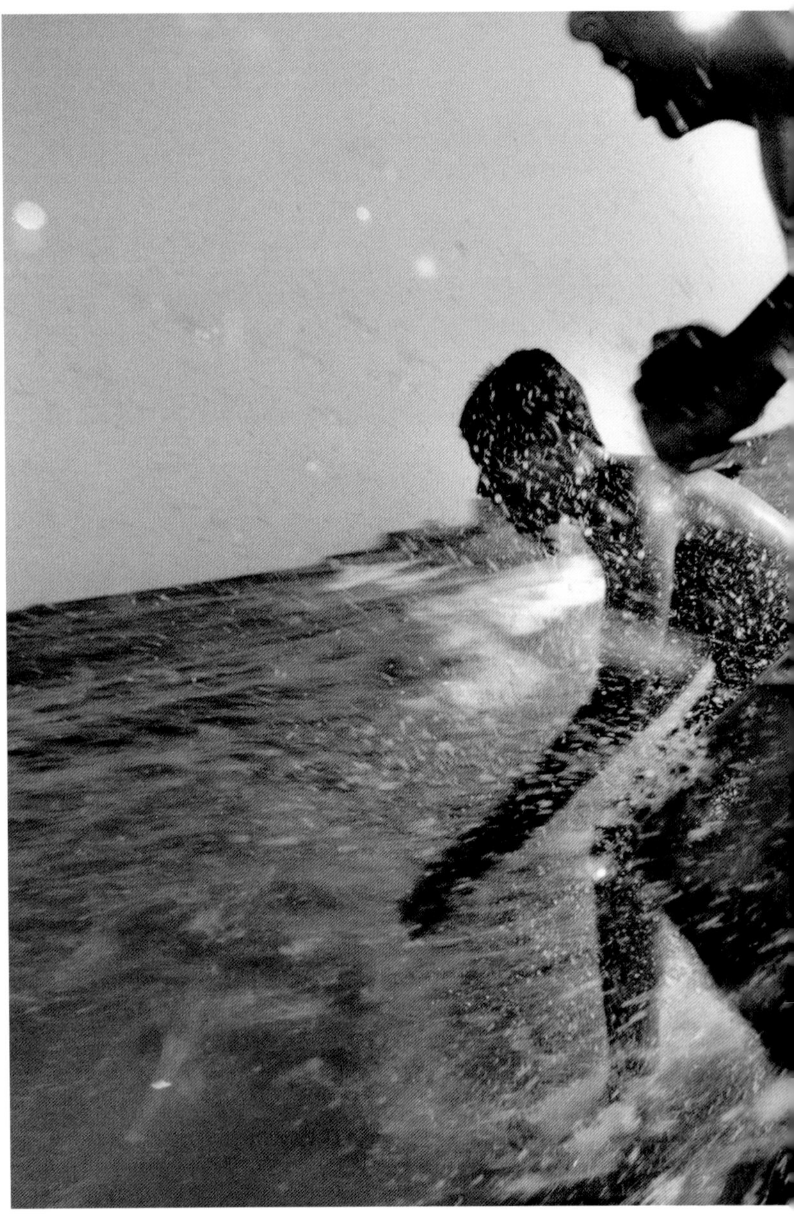

03. Barcelona, 1997

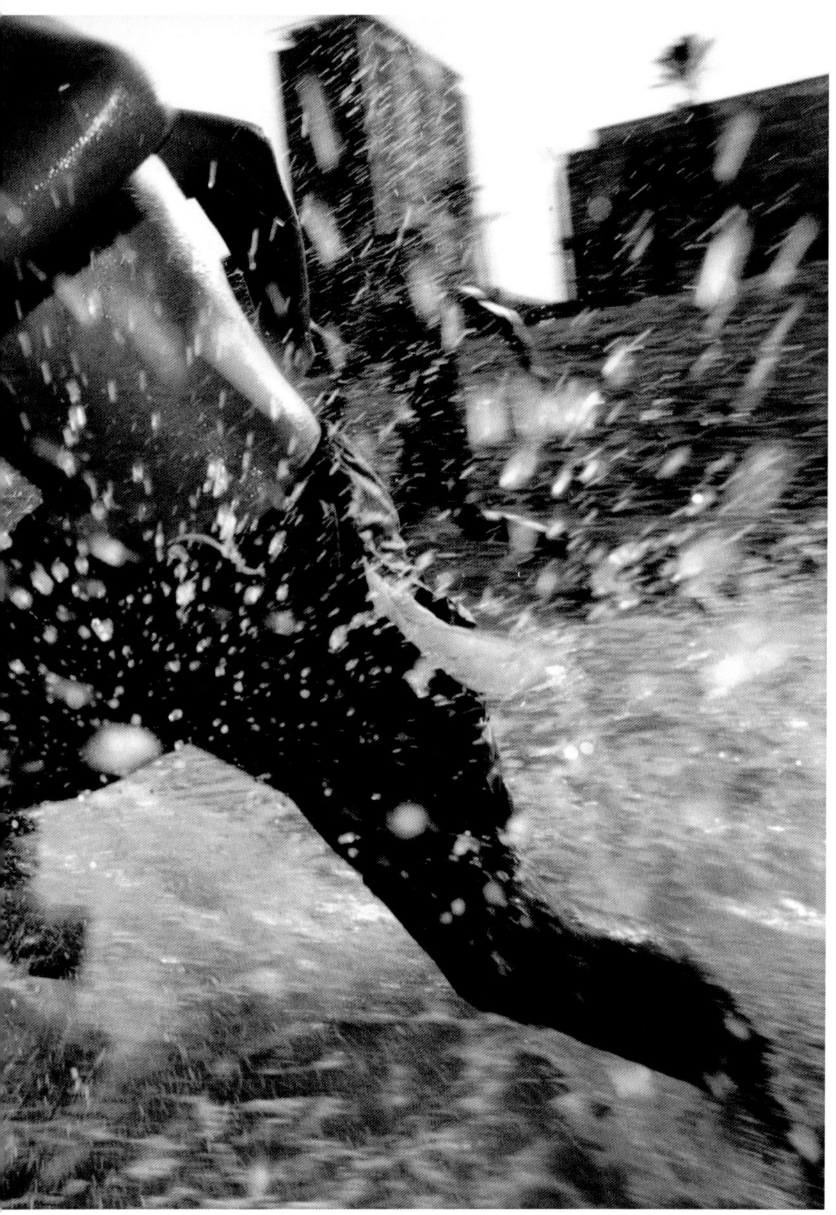

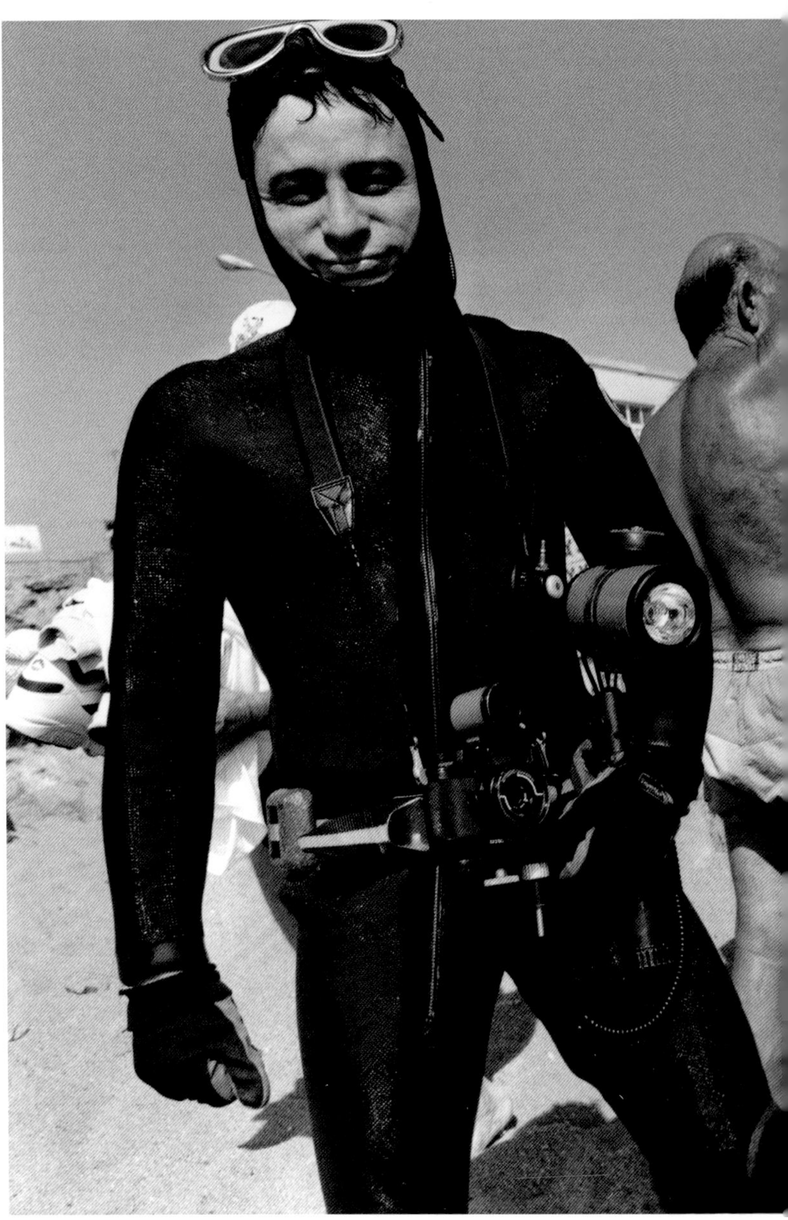

04. Barcelona, 1997

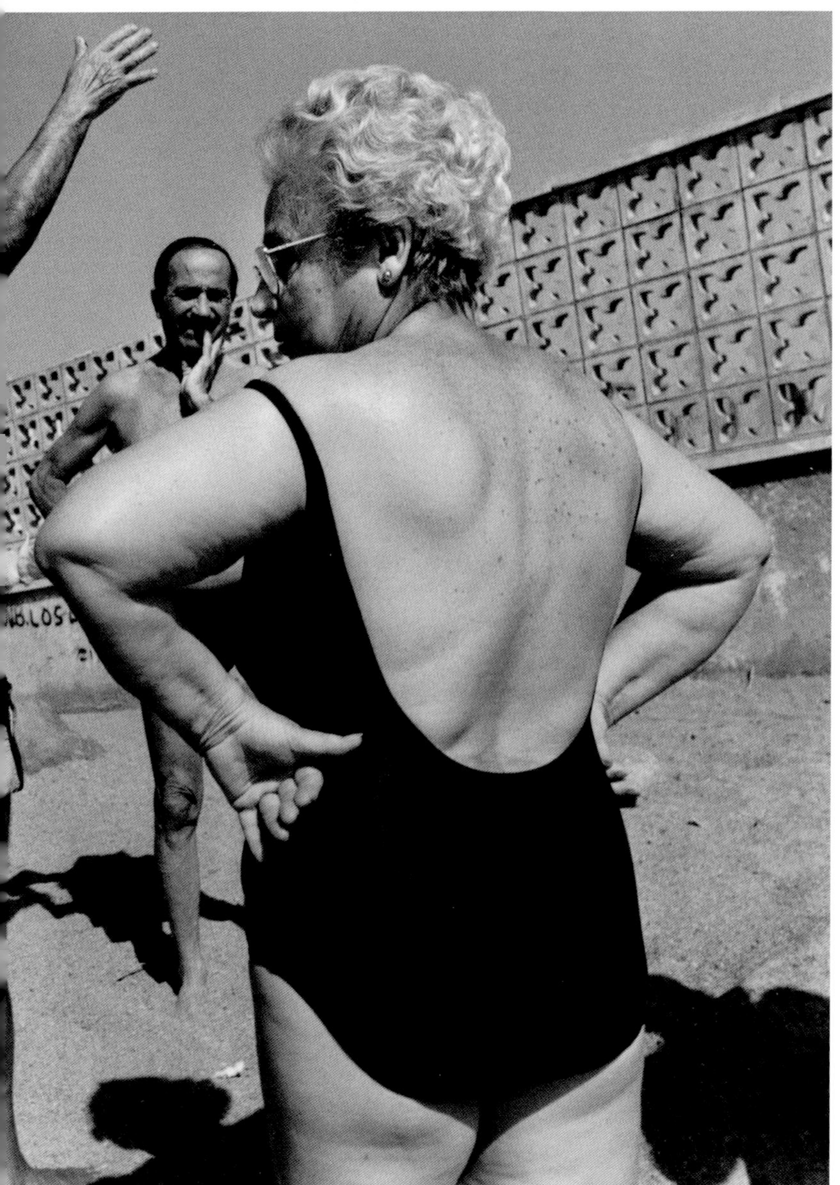

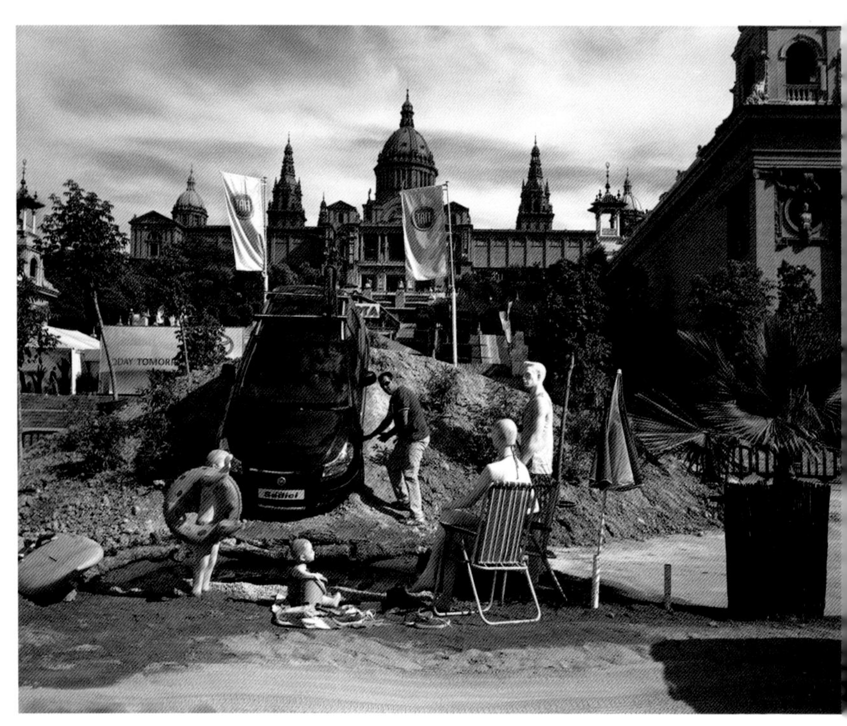

05. Barcelona, 2007

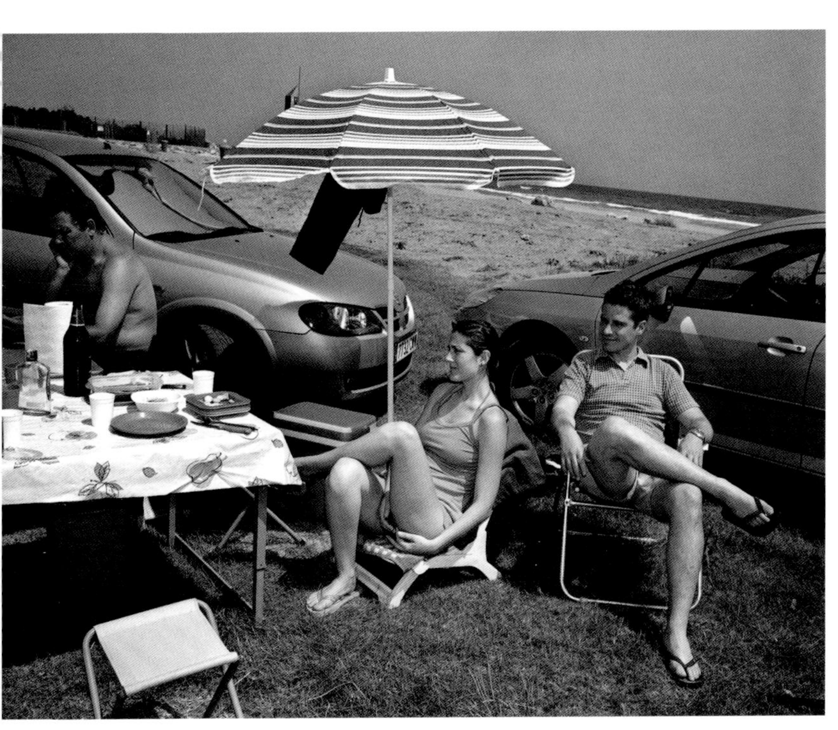

06. El Prat de Llobregat, 2007

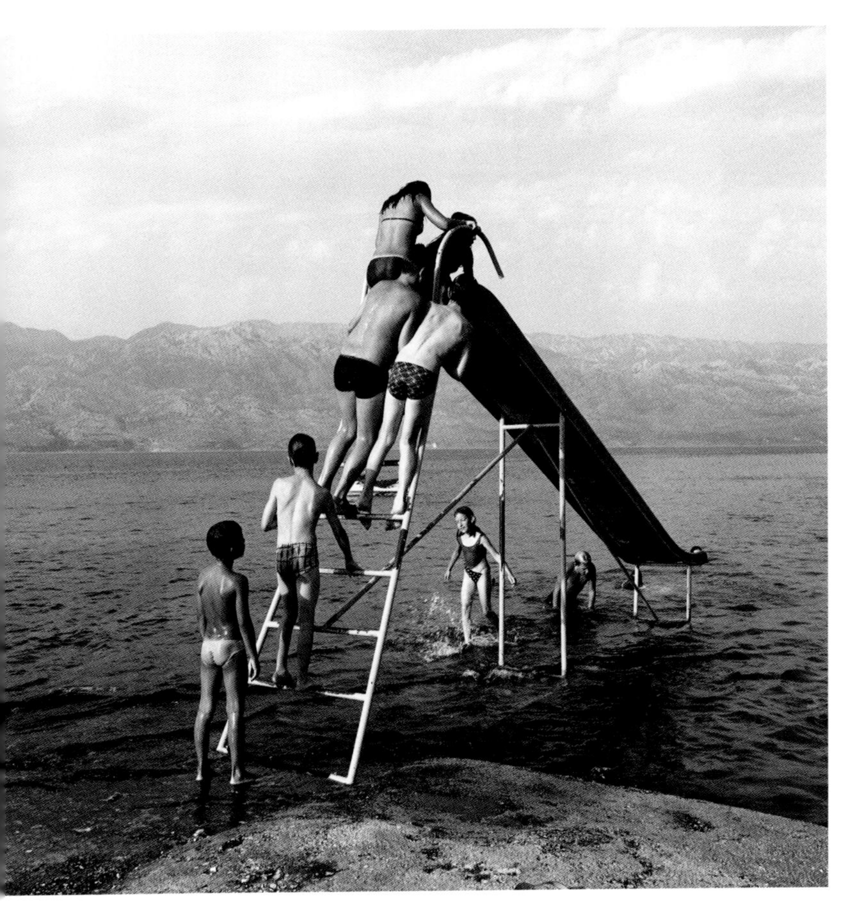

07. Croacia, 2005

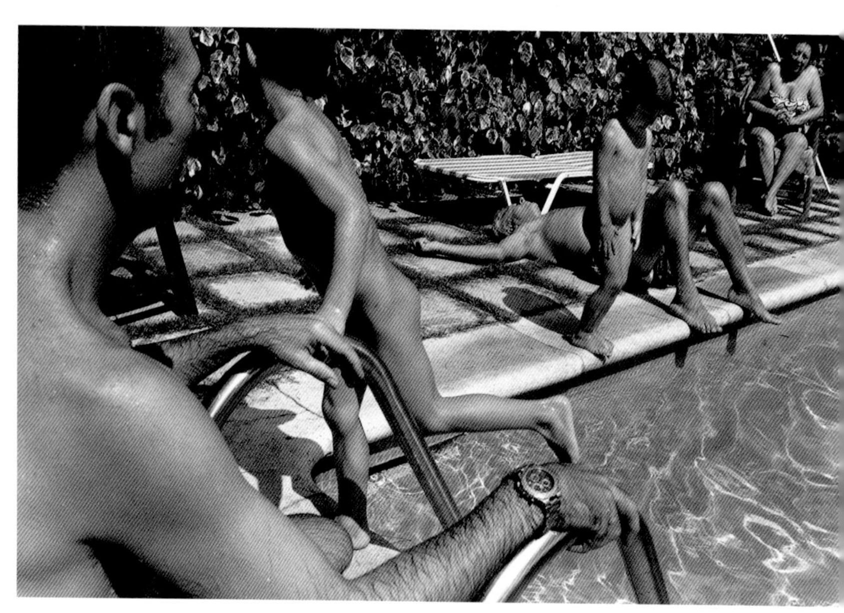

08. Lliçà d'Amunt, 2002

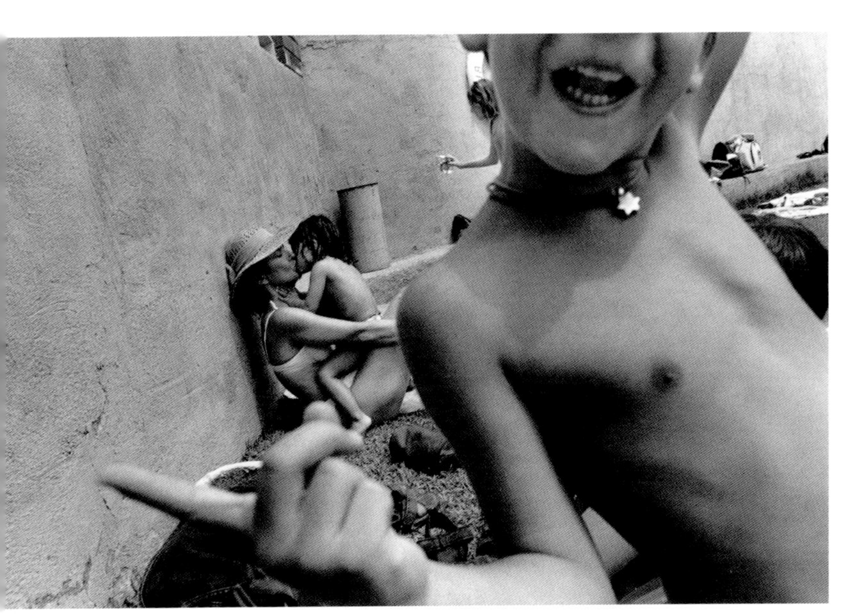

09. Barberà de la Conca, 2000

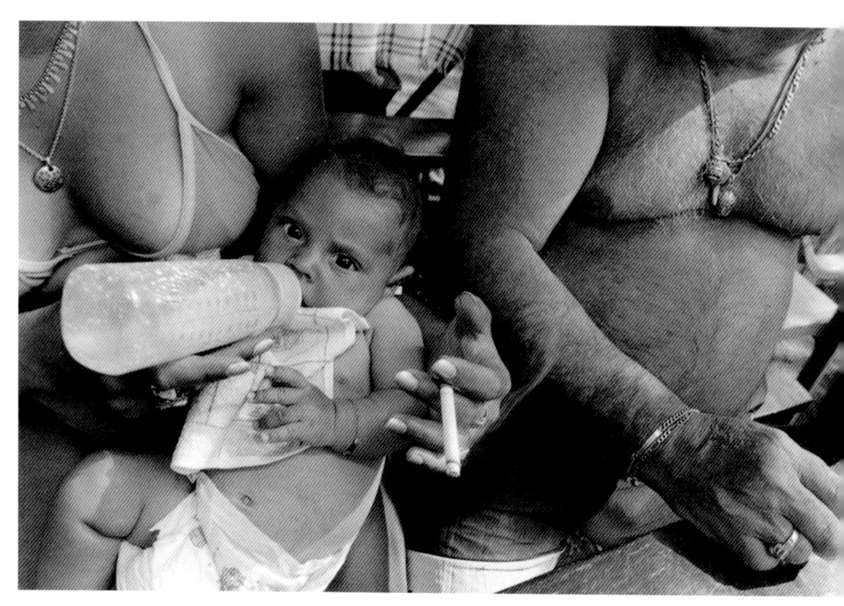

10. Vilassar de Mar, 1998

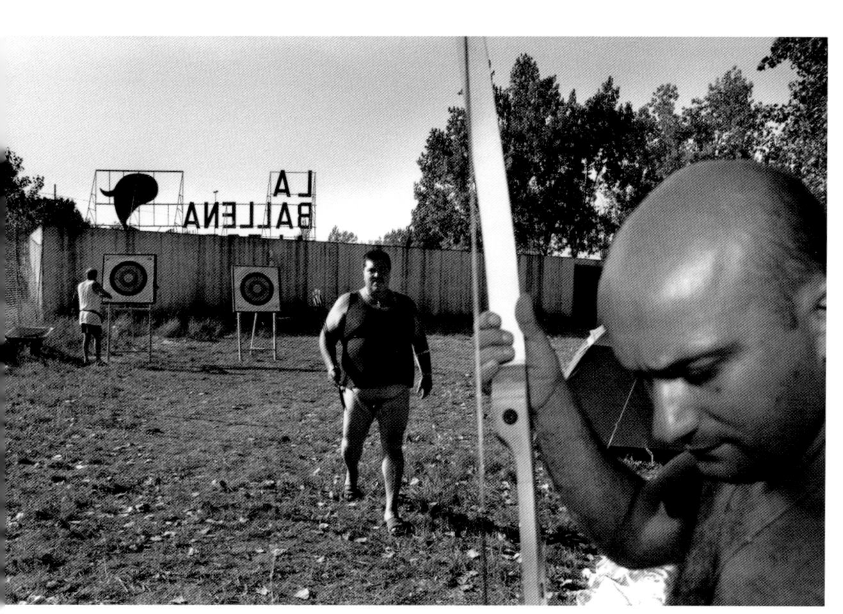

1. Castelldefels, 1999

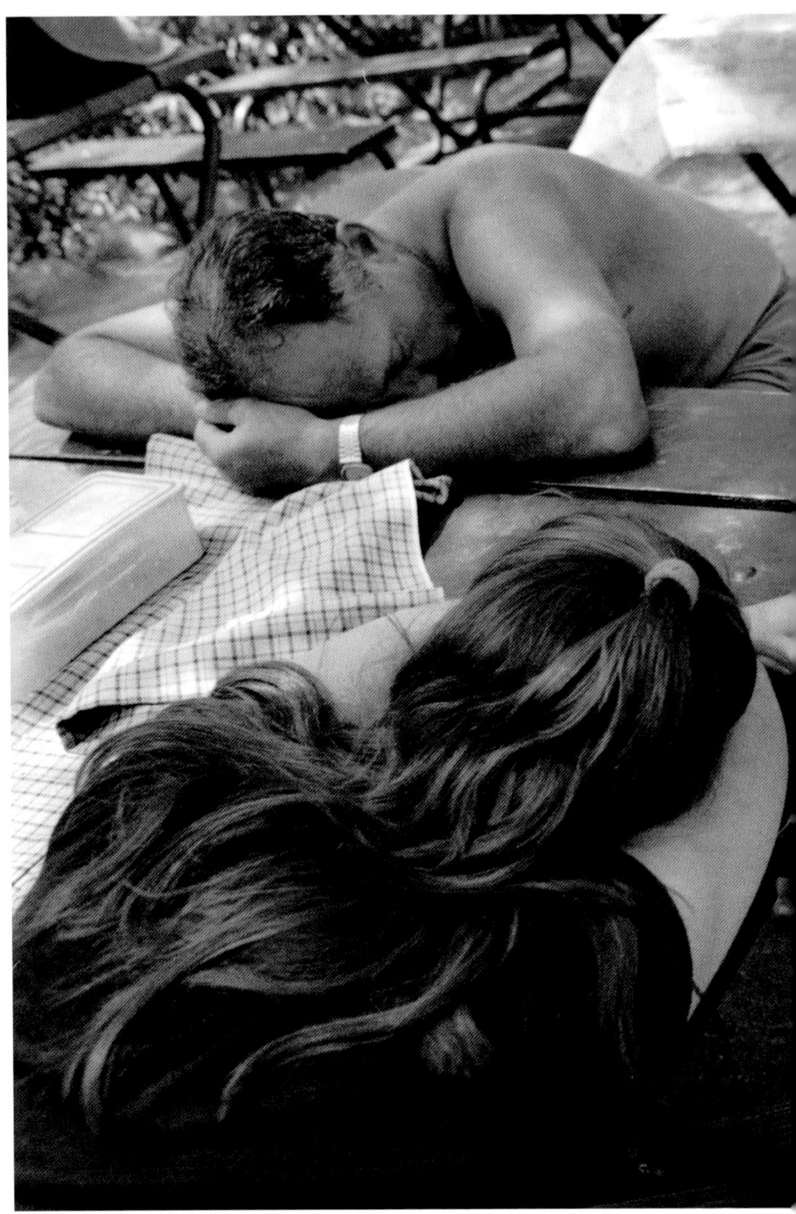

12. Vilassar de Mar, 1998

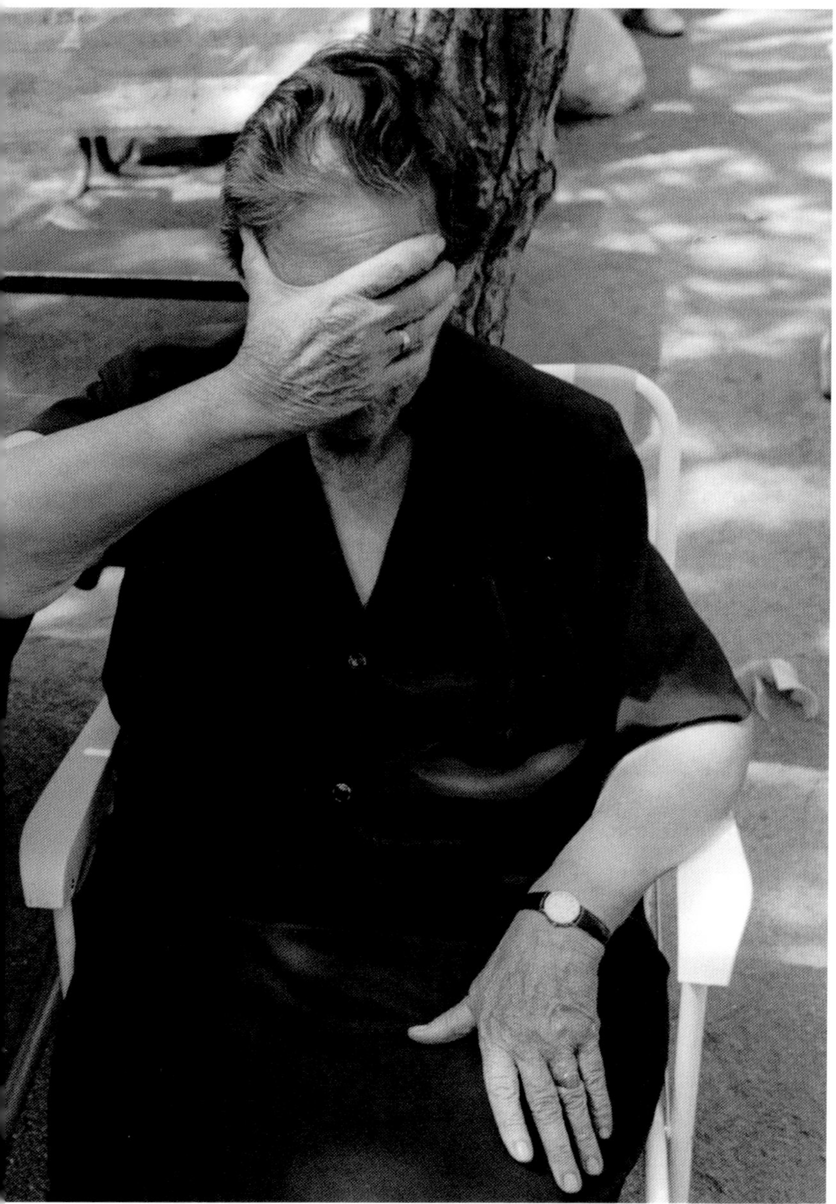

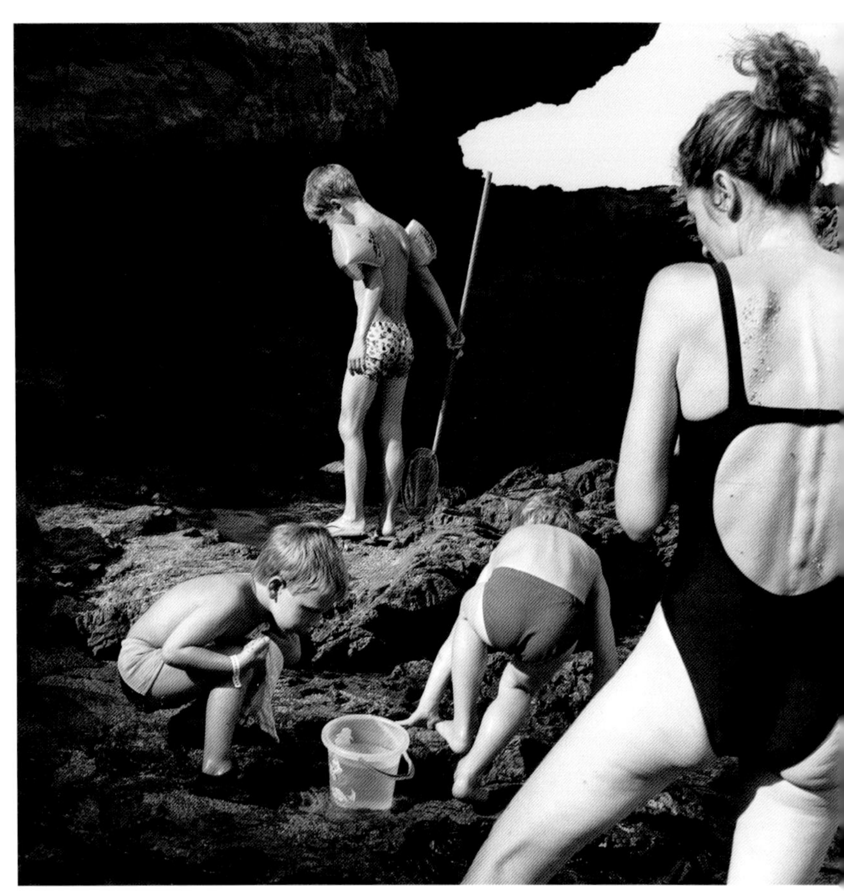

13. Pals, 2006

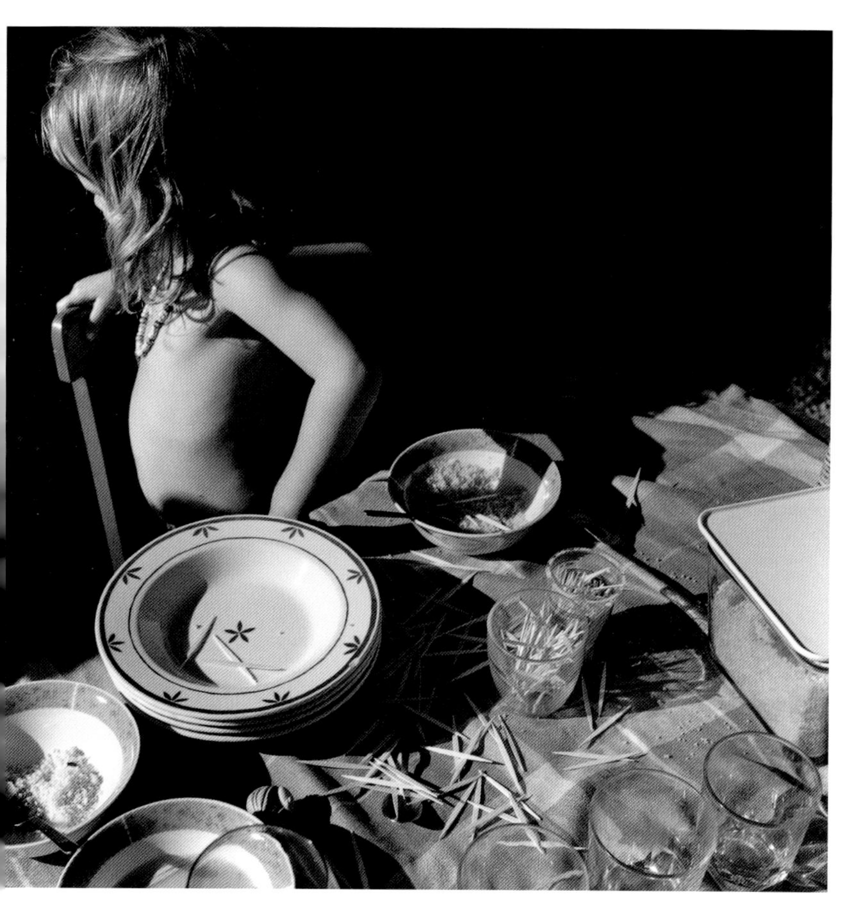

14. Castellfollit del Boix, 2002

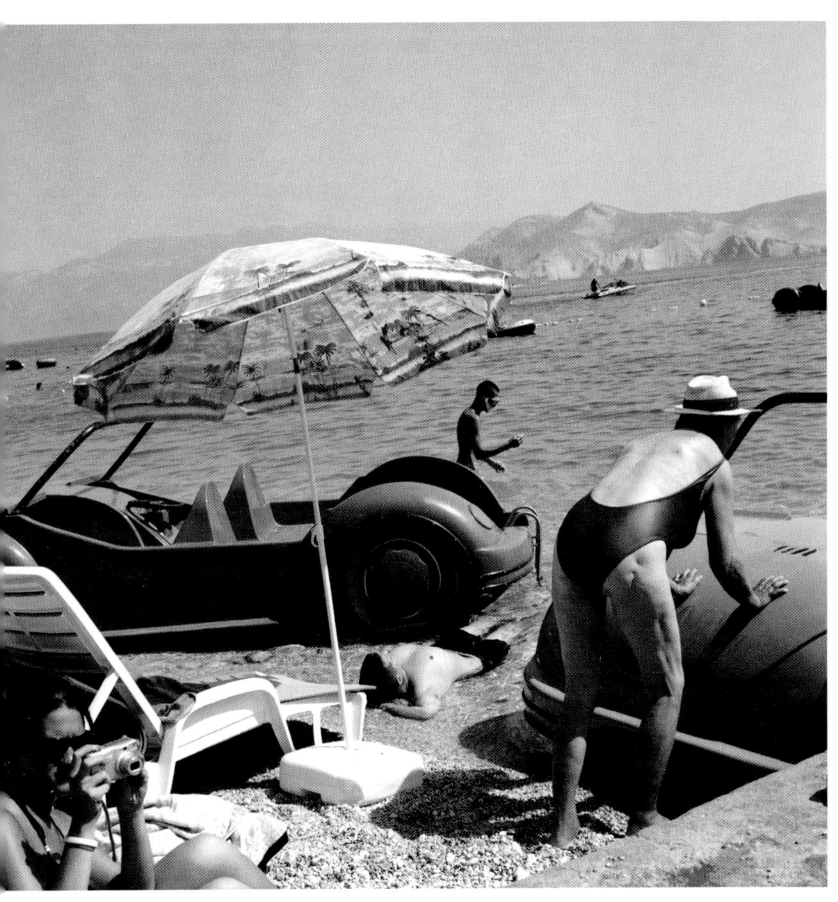

15. Croacia, 2005

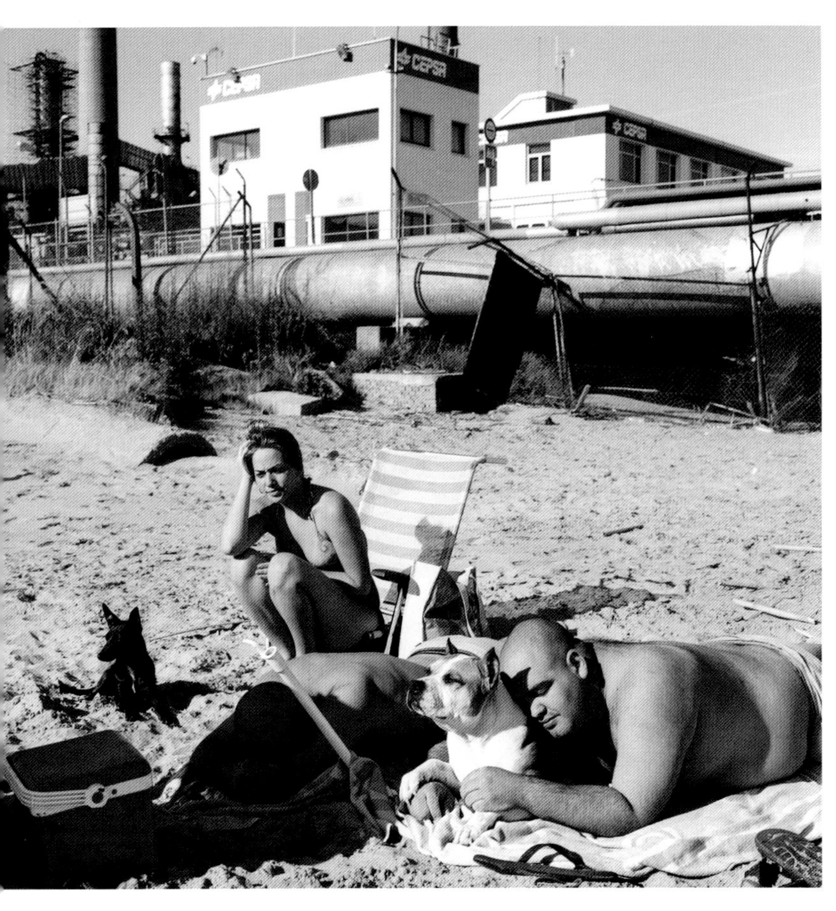

16. Algeciras, 2010

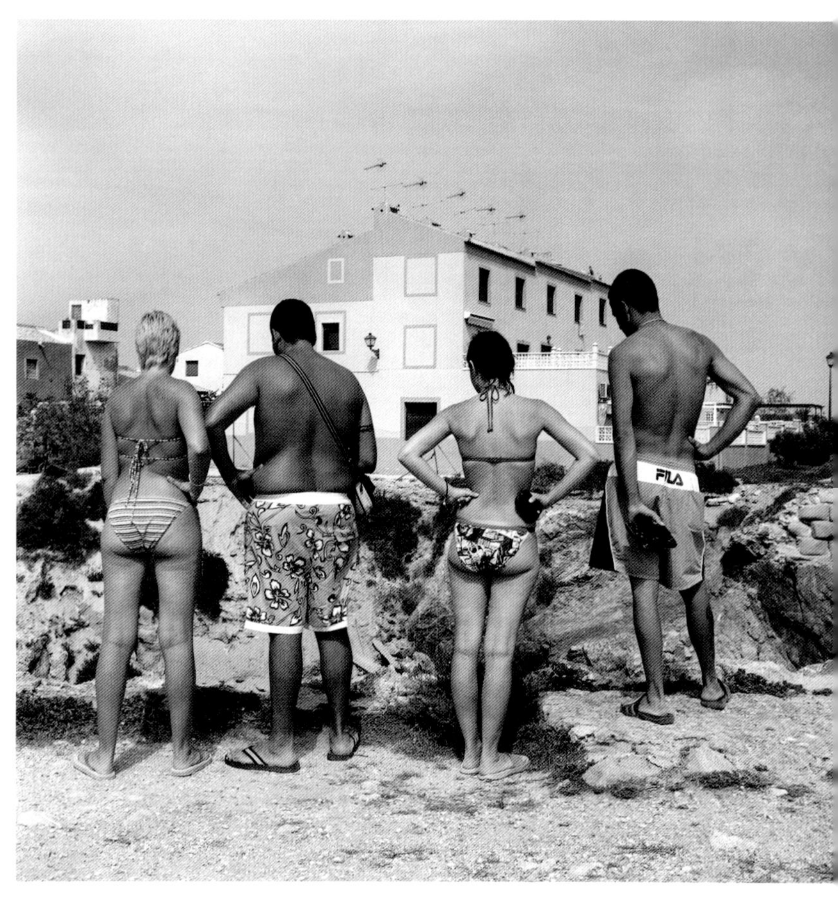

17. Illa de Tabarca, 2008

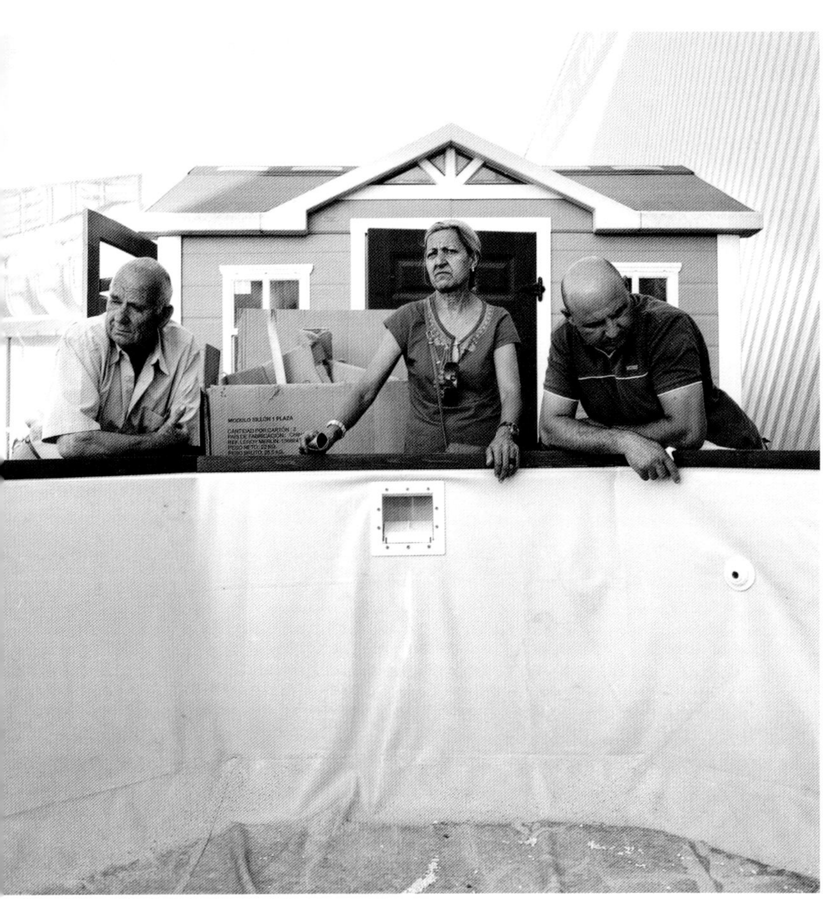

8. Alboraya, 2009

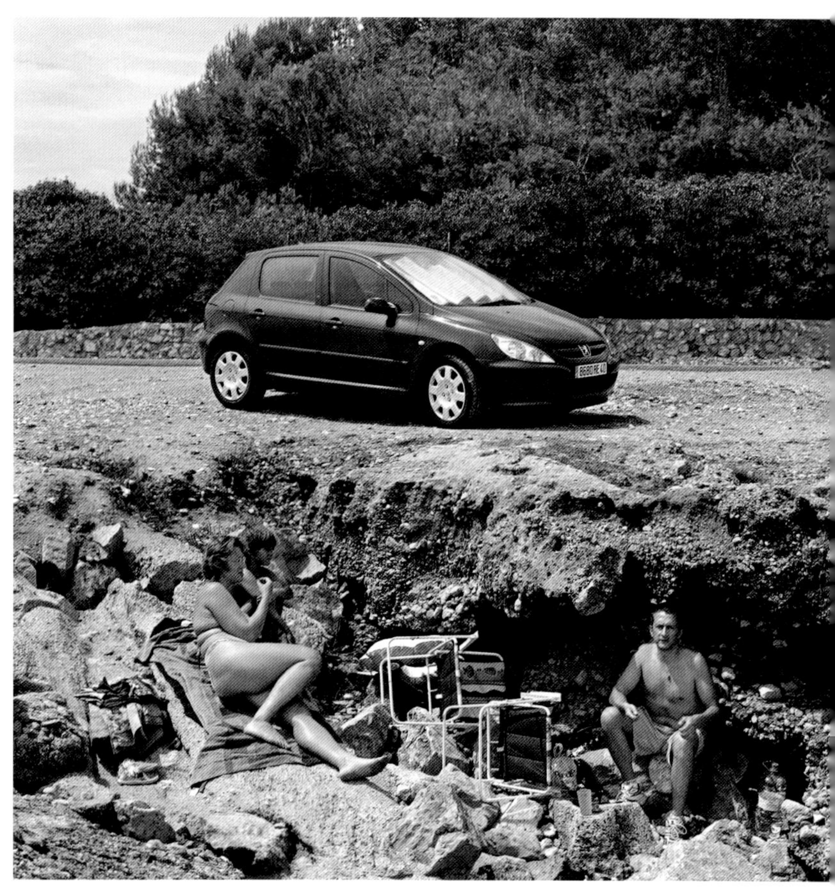

19. Vinarós, 2006

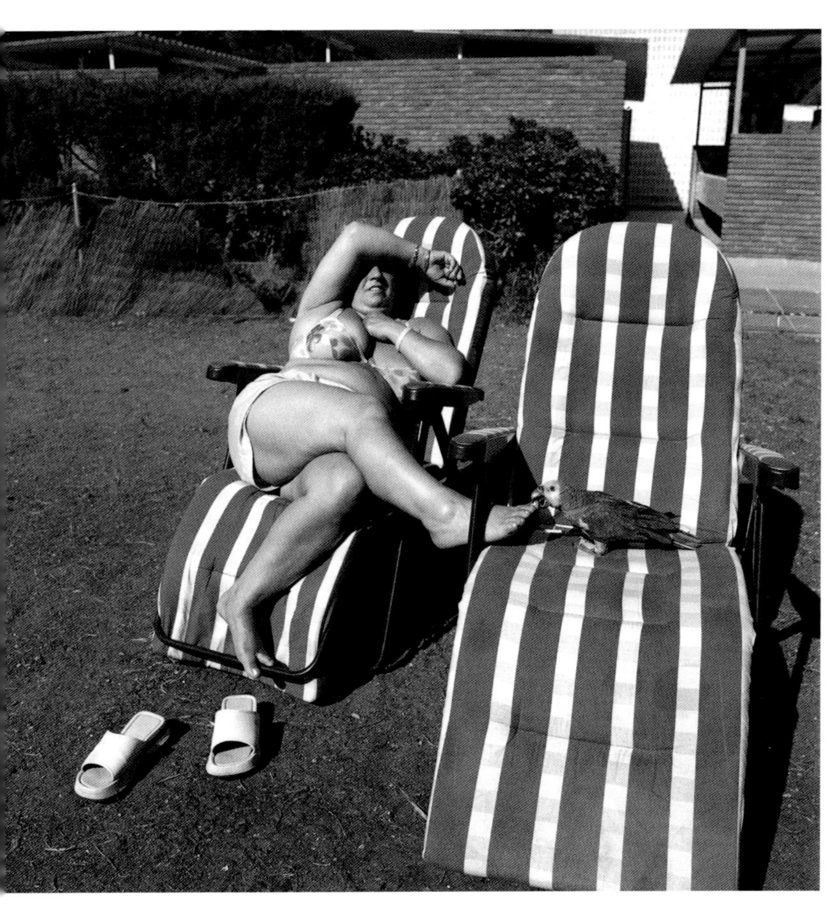

0. Castelldefels, 2005

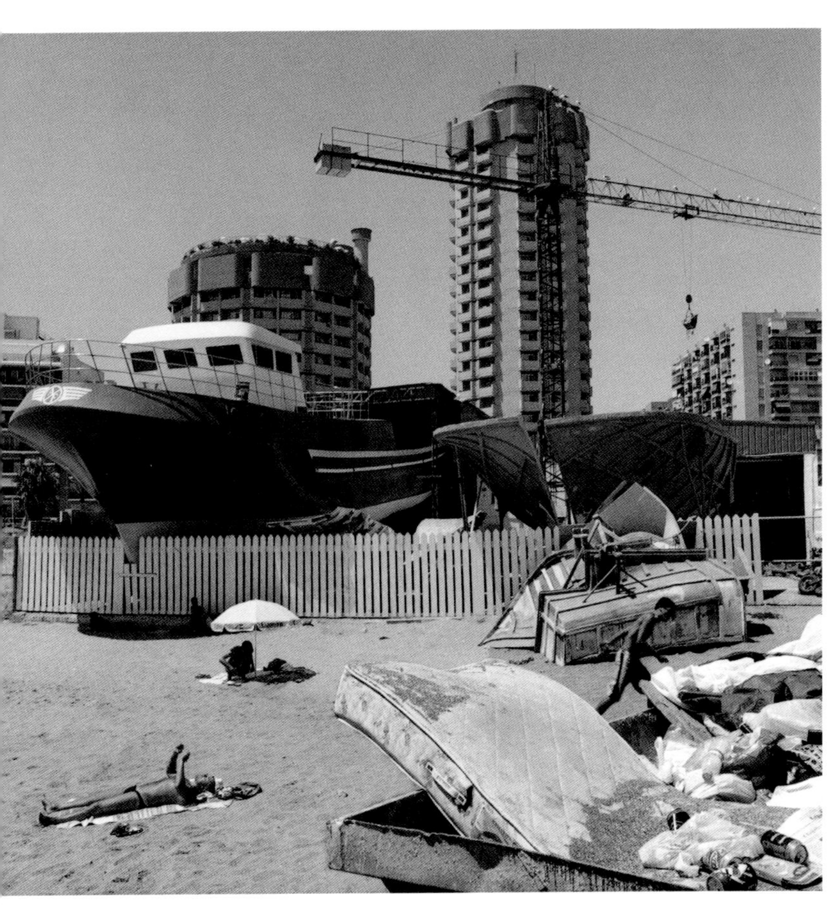

21. Fuengirola, 2009

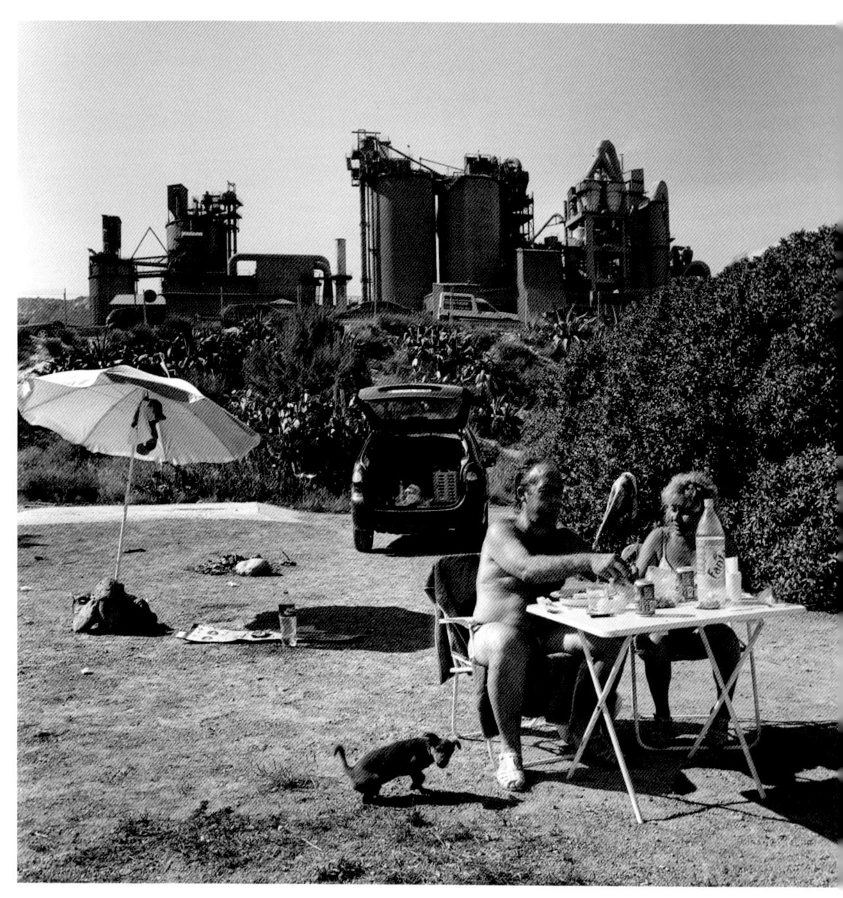

22. Sitges, 2006

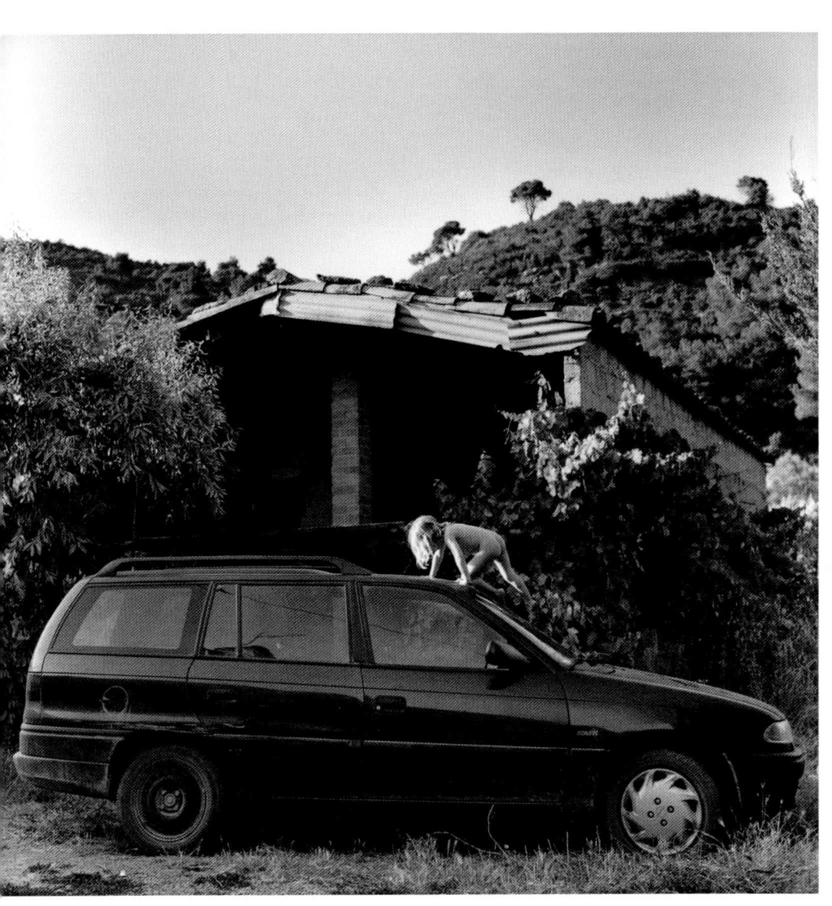

23. Castellfollit del Boix, 2002

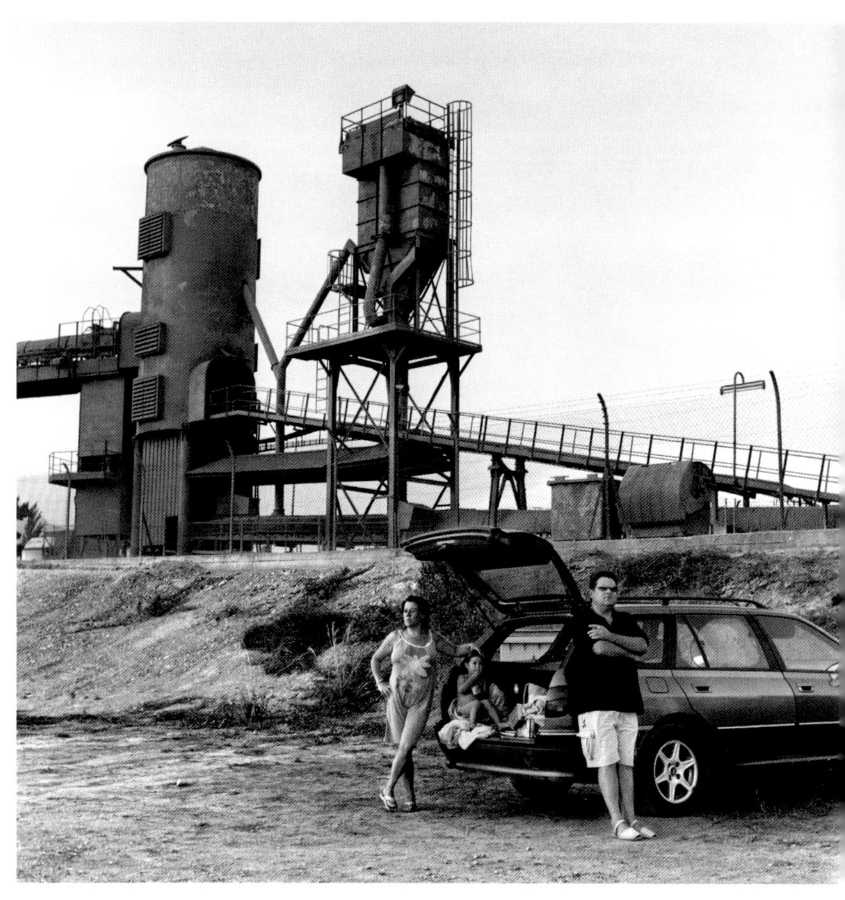

24. Cases d'Alcanar, 2006

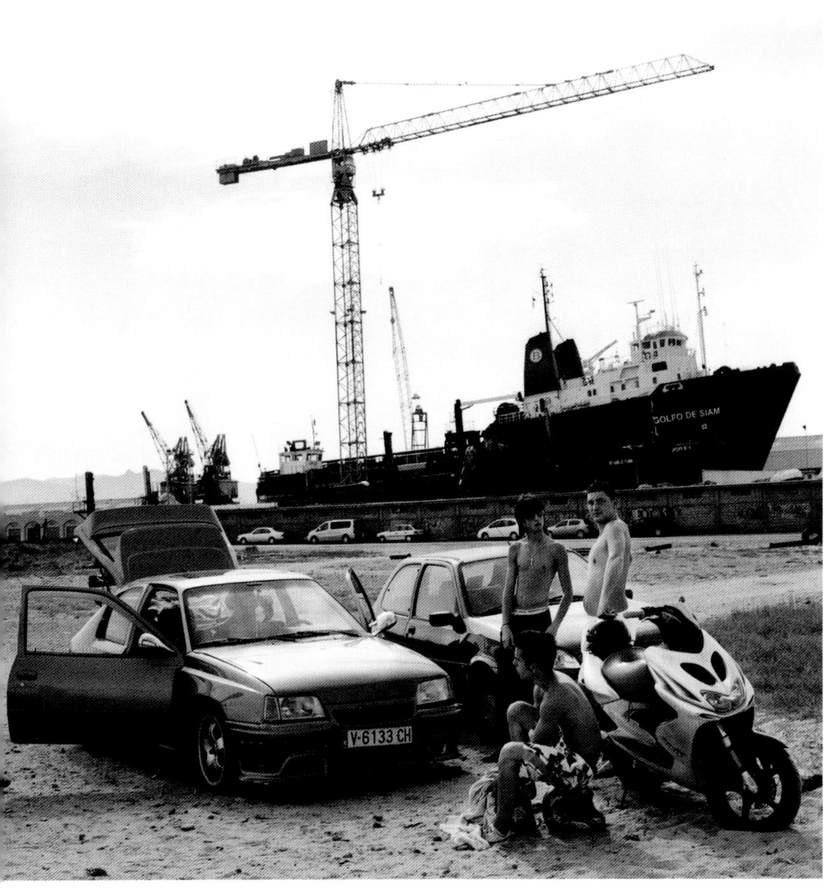

25. Burriana, 2009

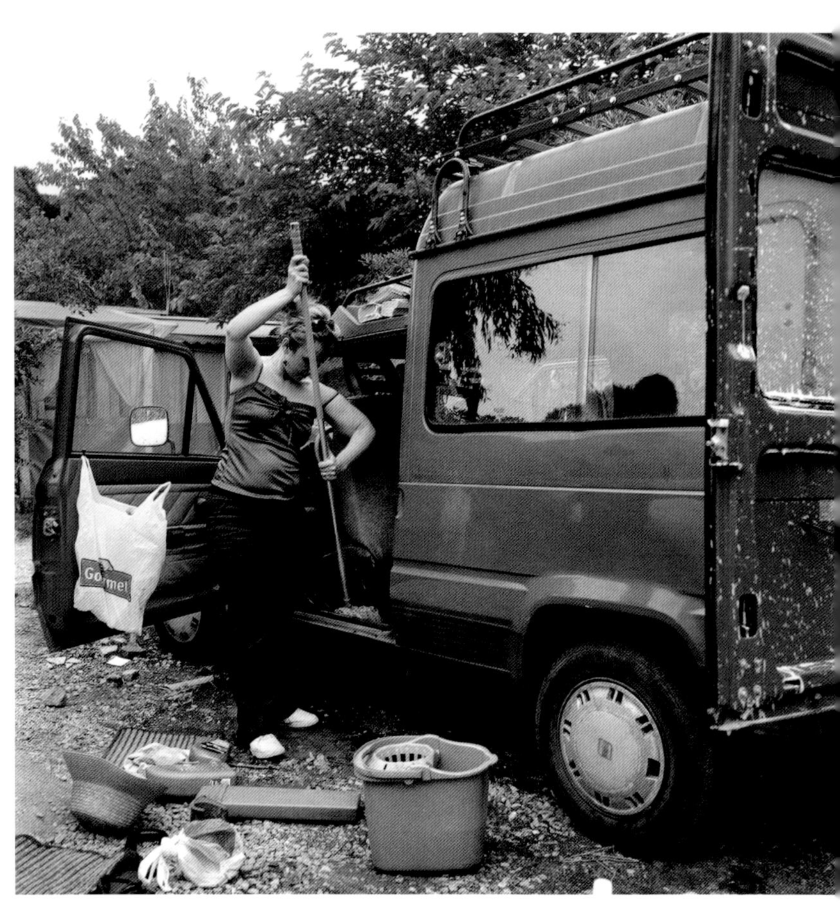

26. Castelldefels, 2006

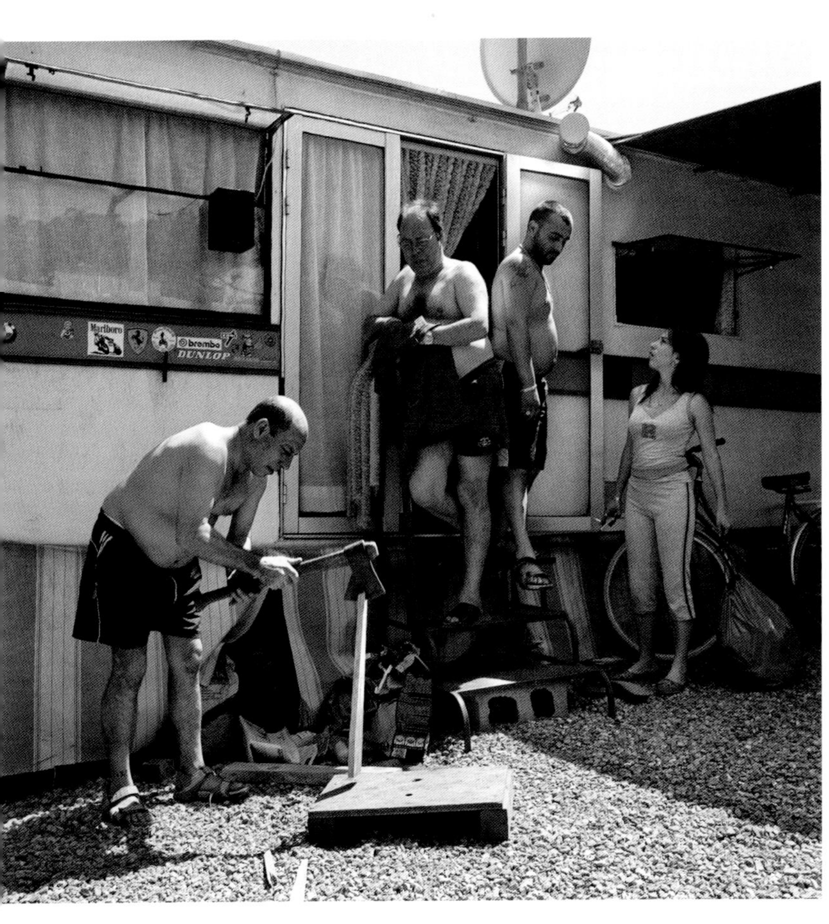

27. Castelldefels, 2006

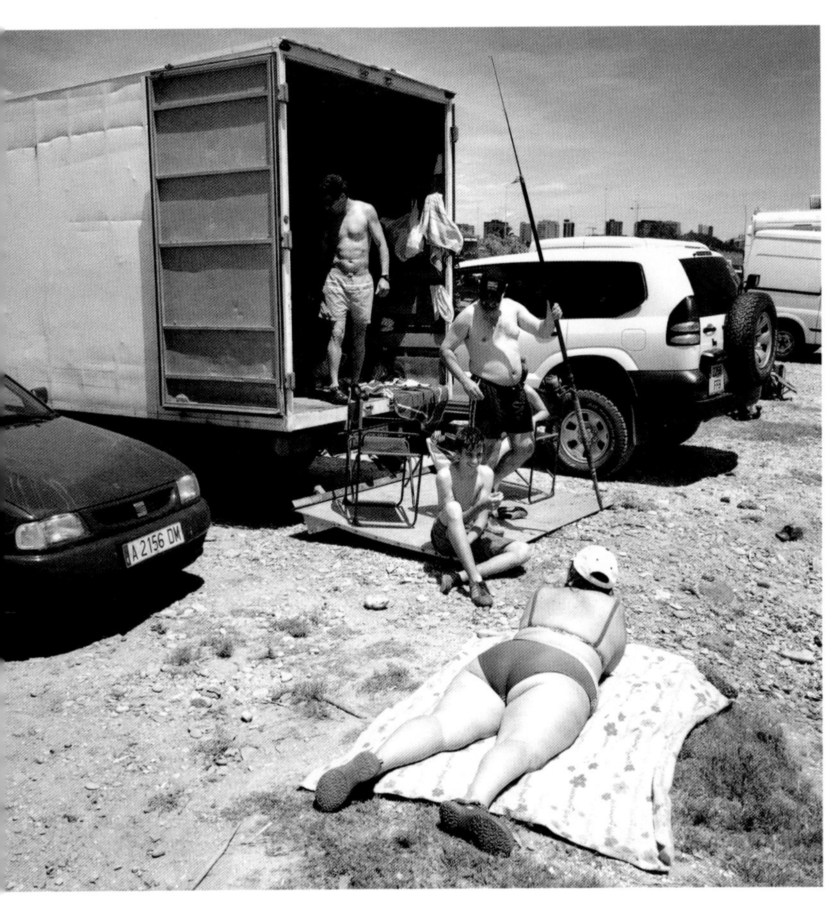

28. Massalfassar, 2009

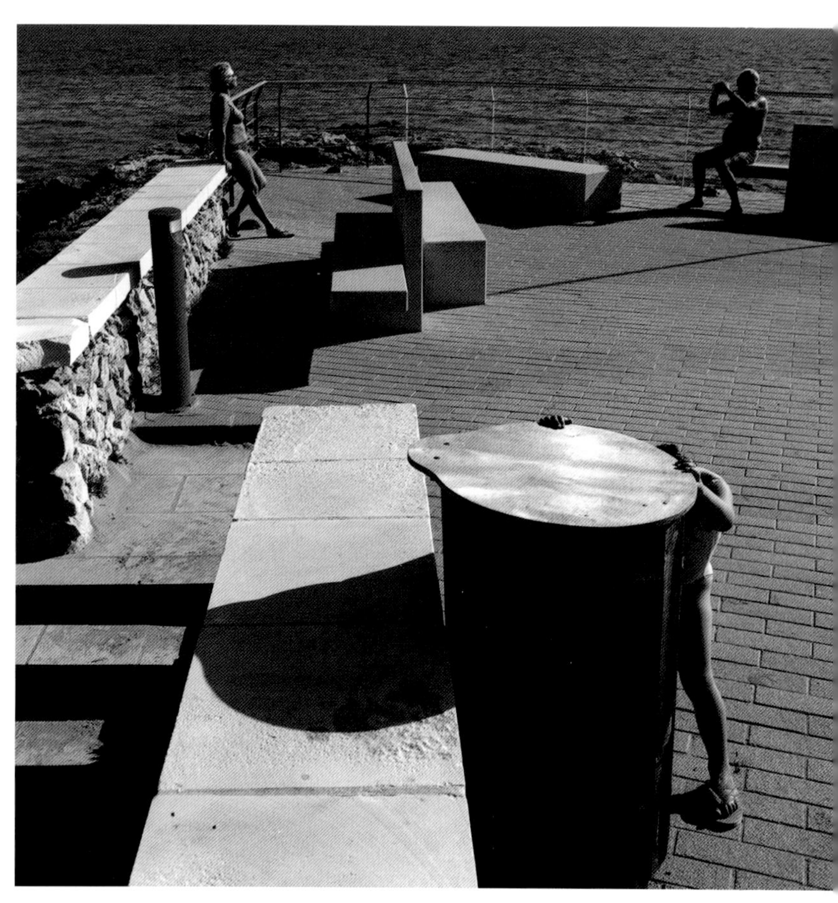

29. Menorca, 2008

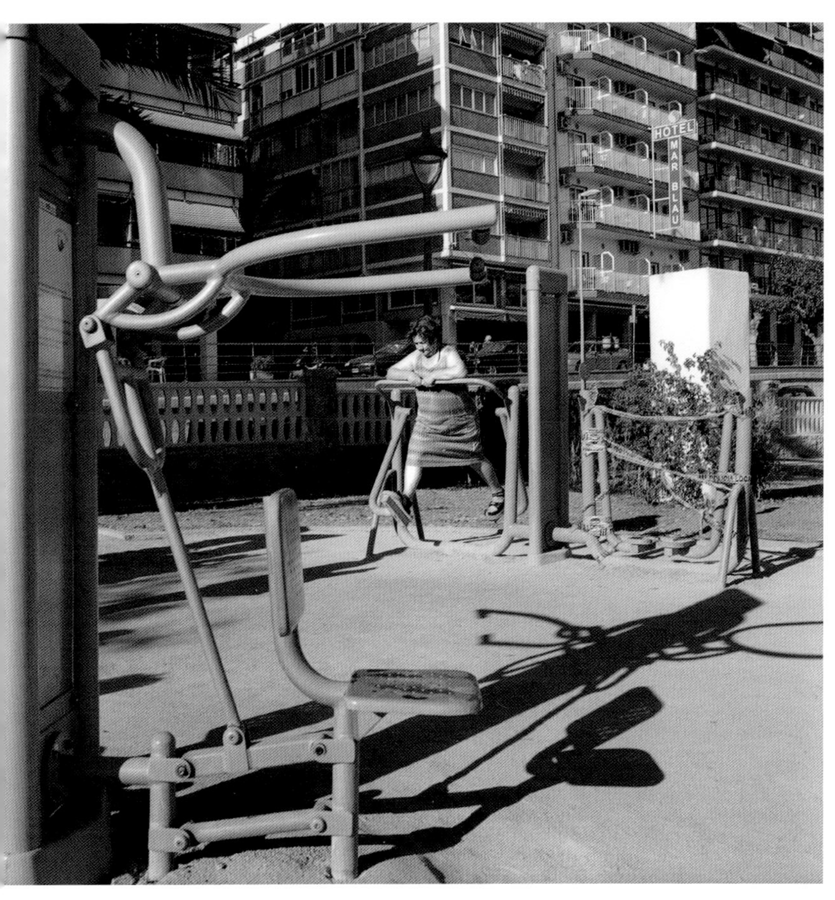

30. Benidorm, 2010

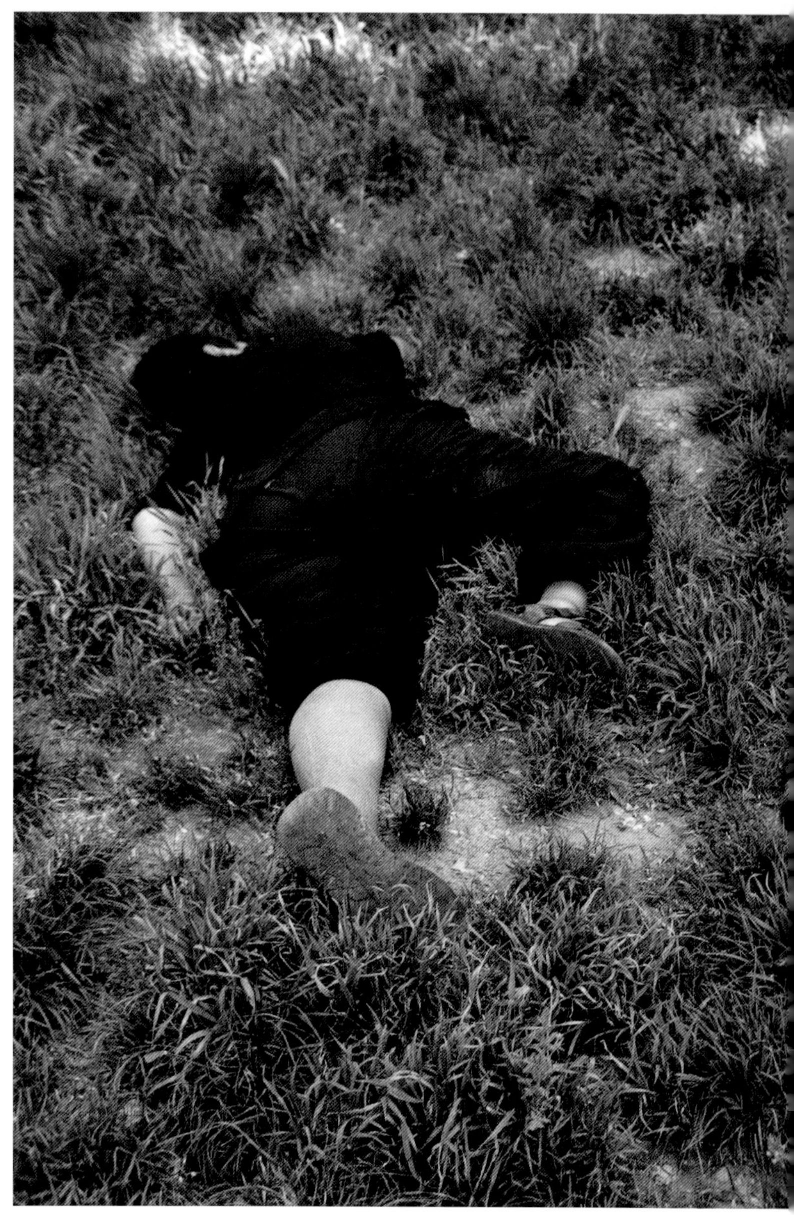

31. Barcelona, 2003

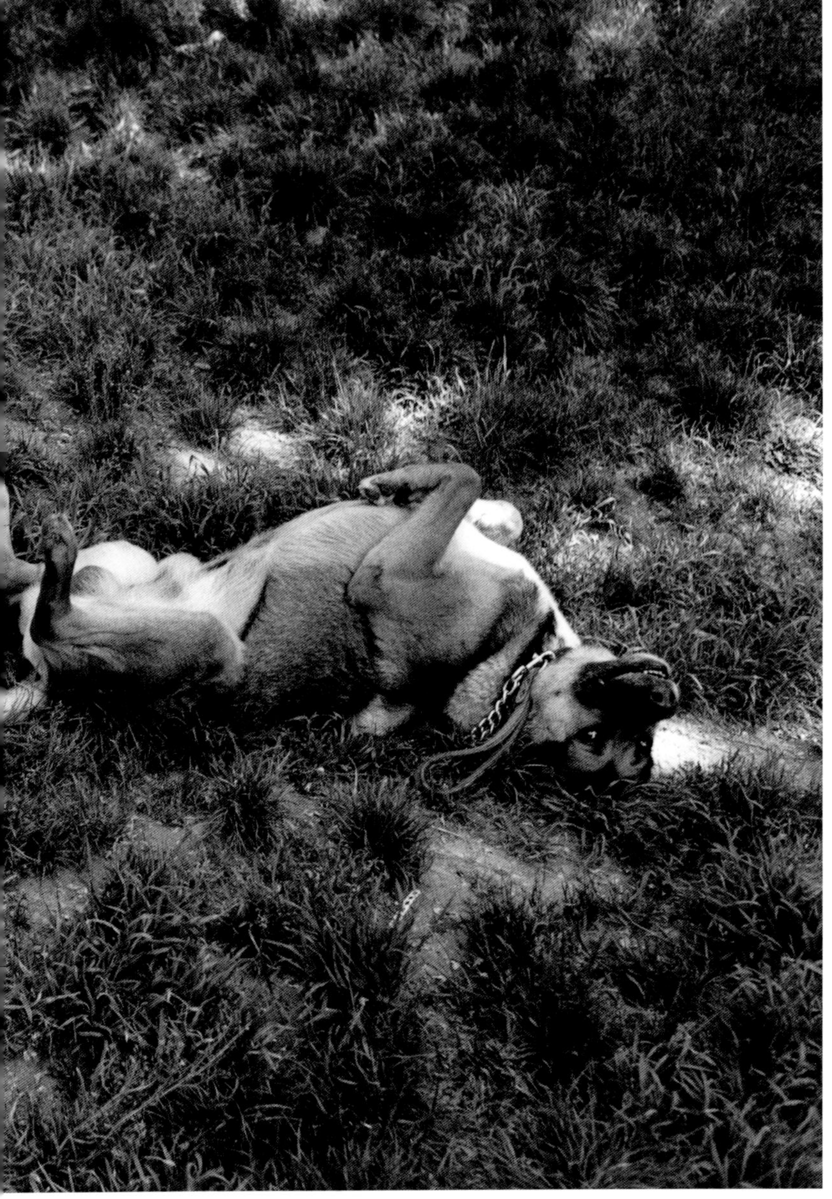

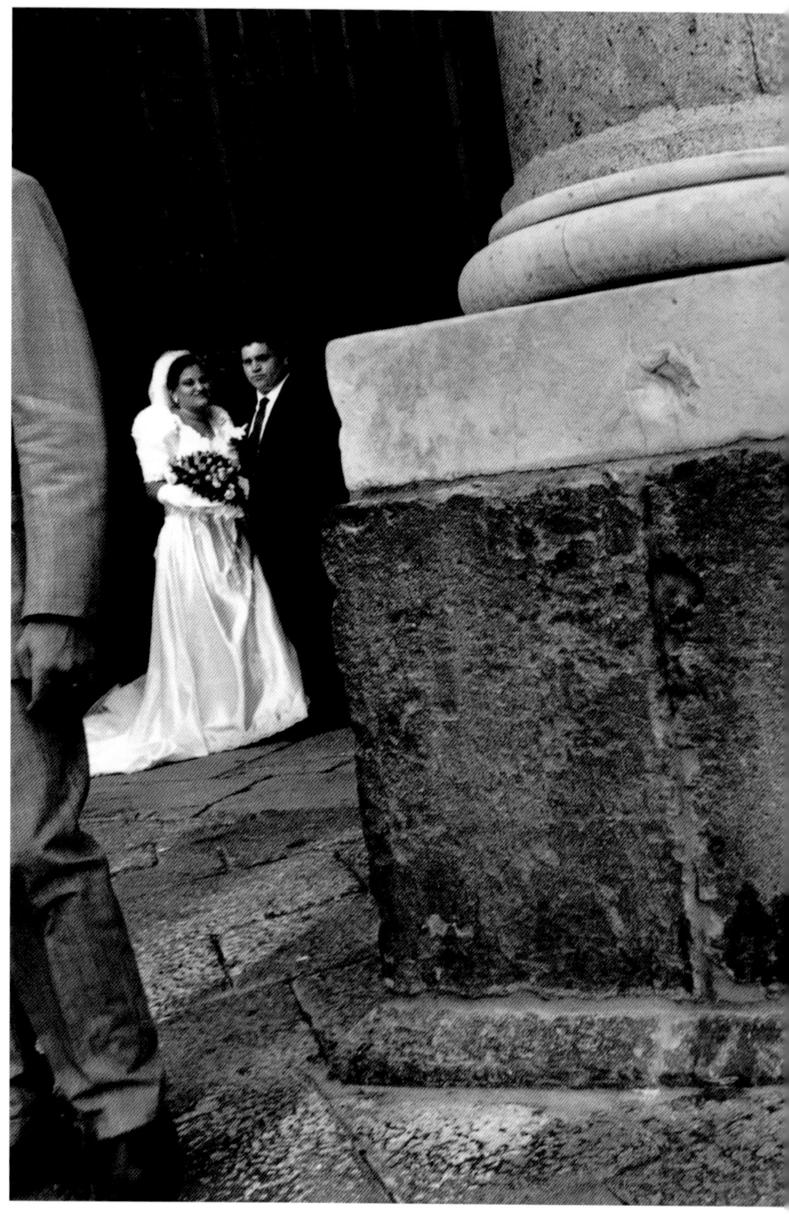

32. Nápoles, 1996

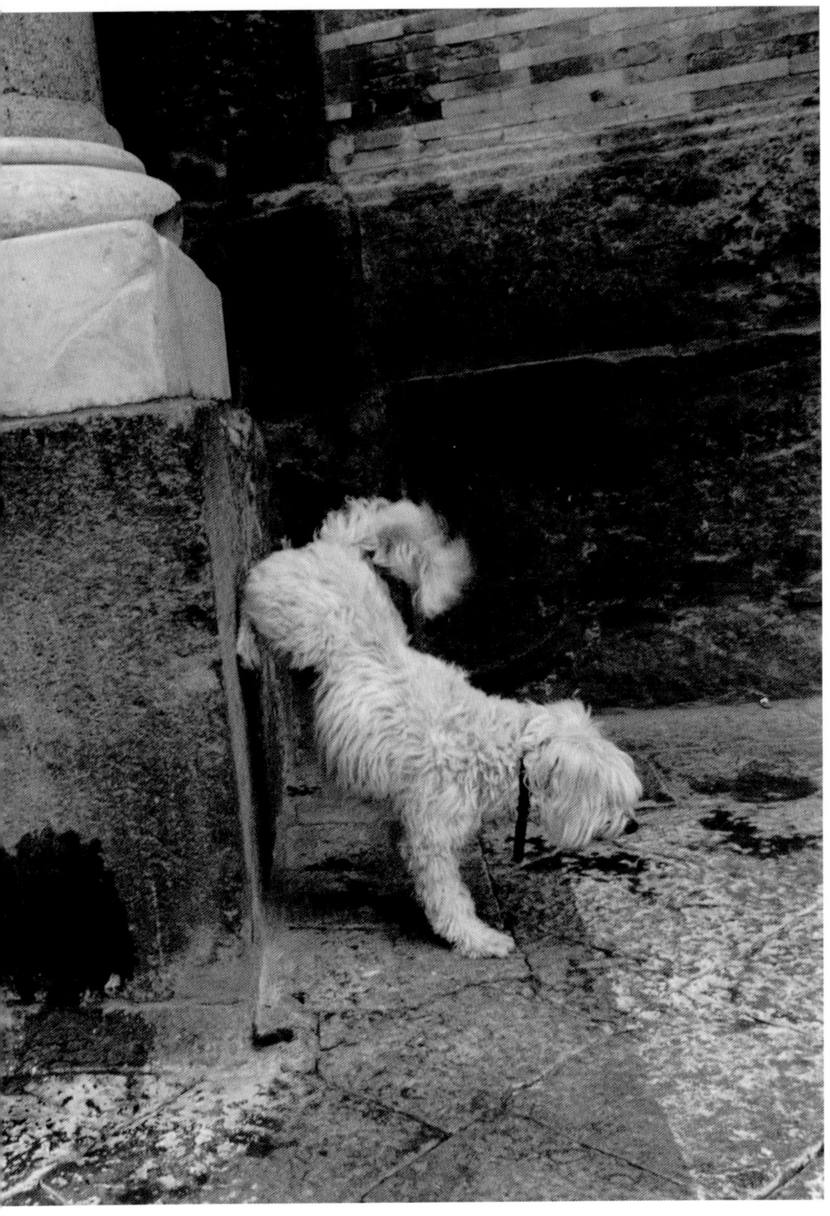

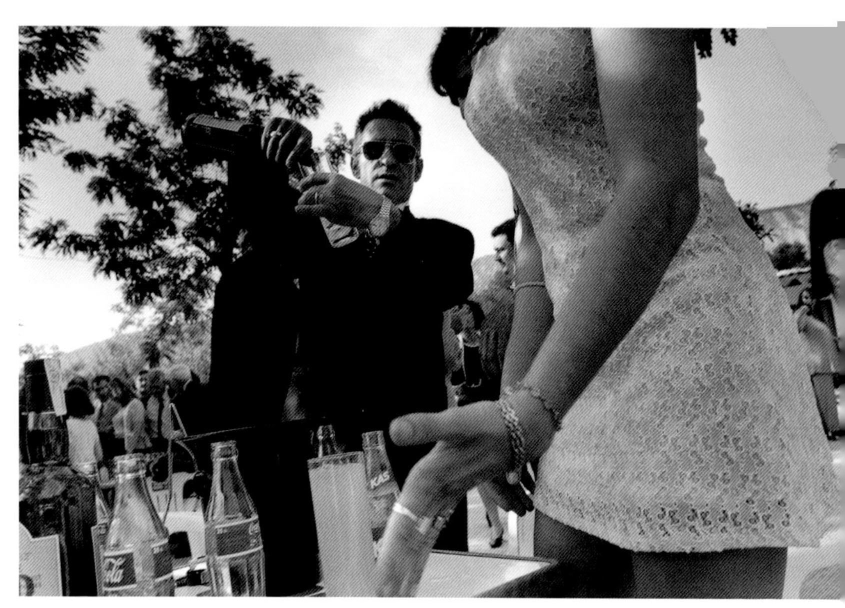

33. Hospitalet, 1997

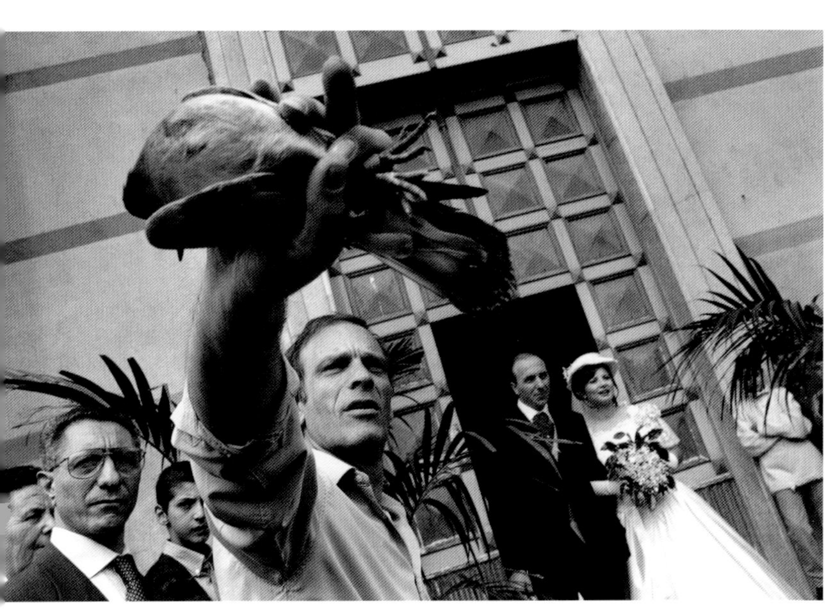

34. Nápoles, 1996

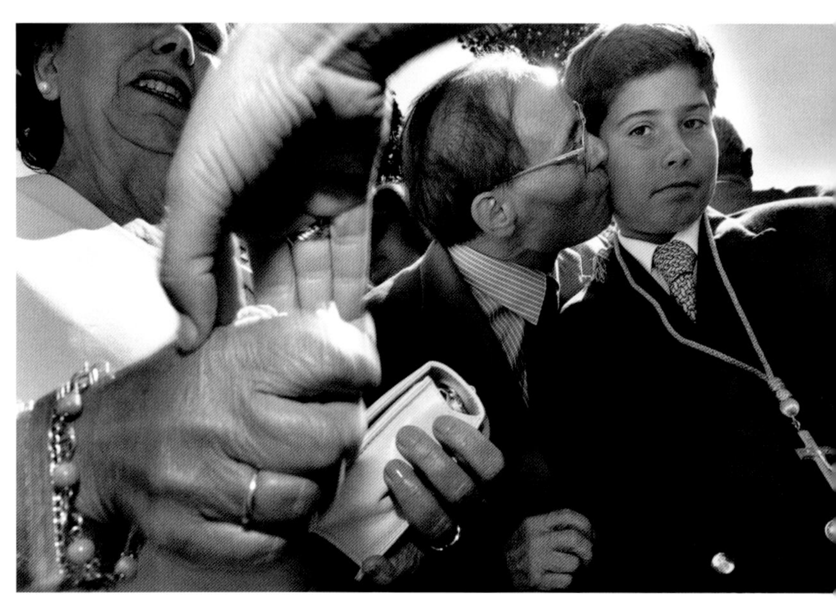

35. Barcelona, 1997

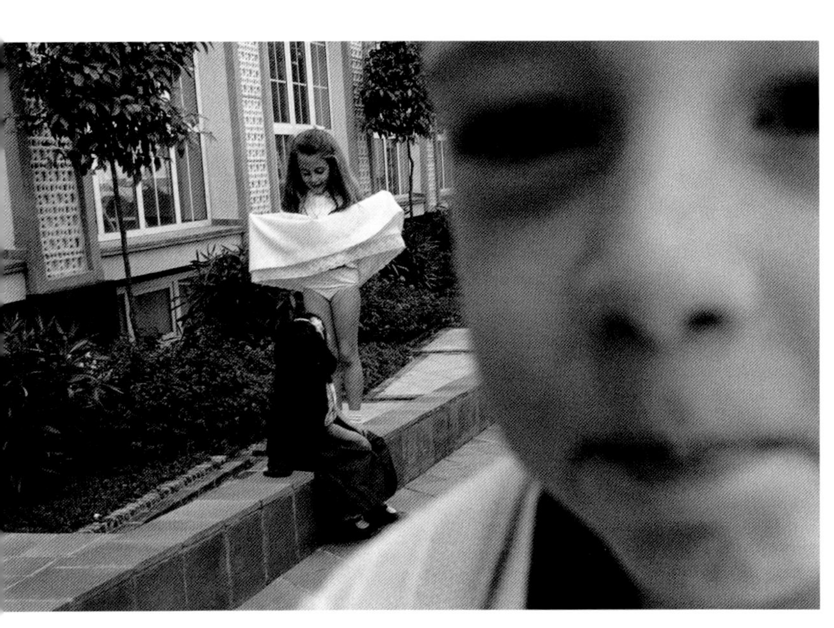

6. Sevilla, 1997

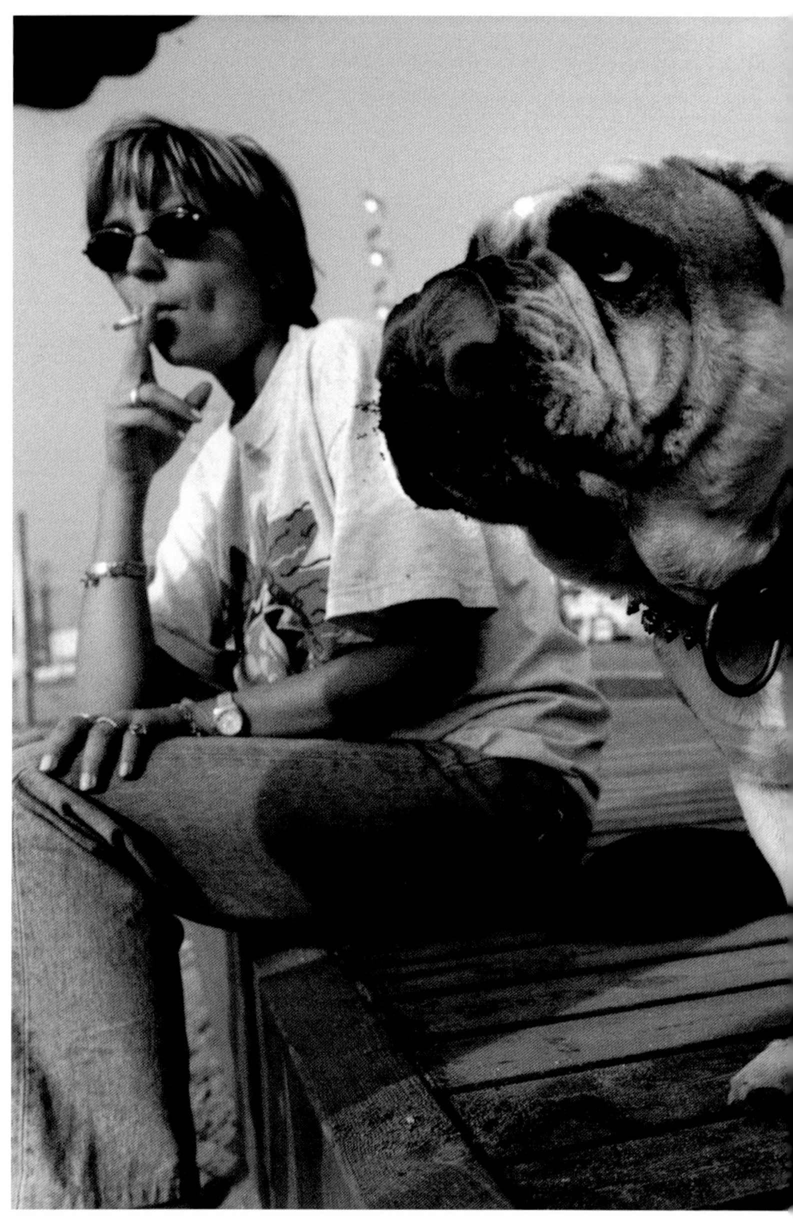

37. Barcelona, 1997

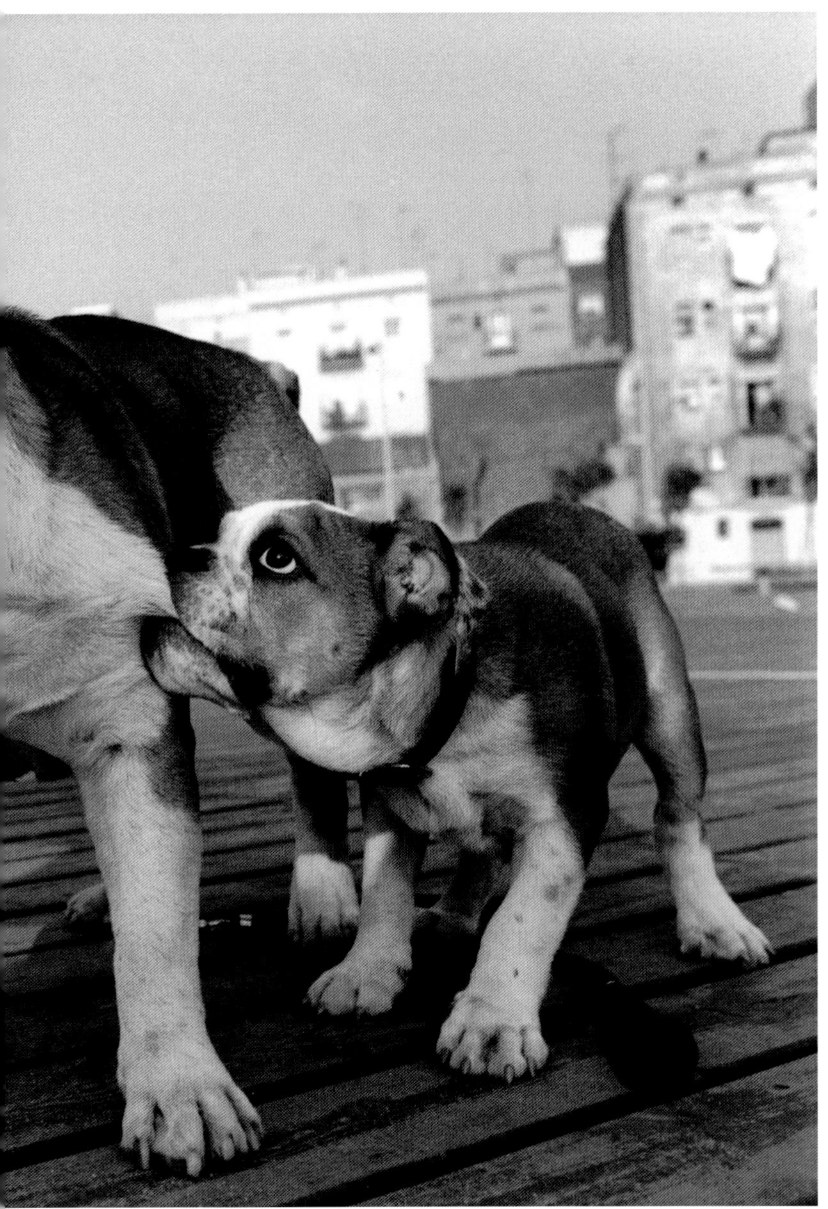

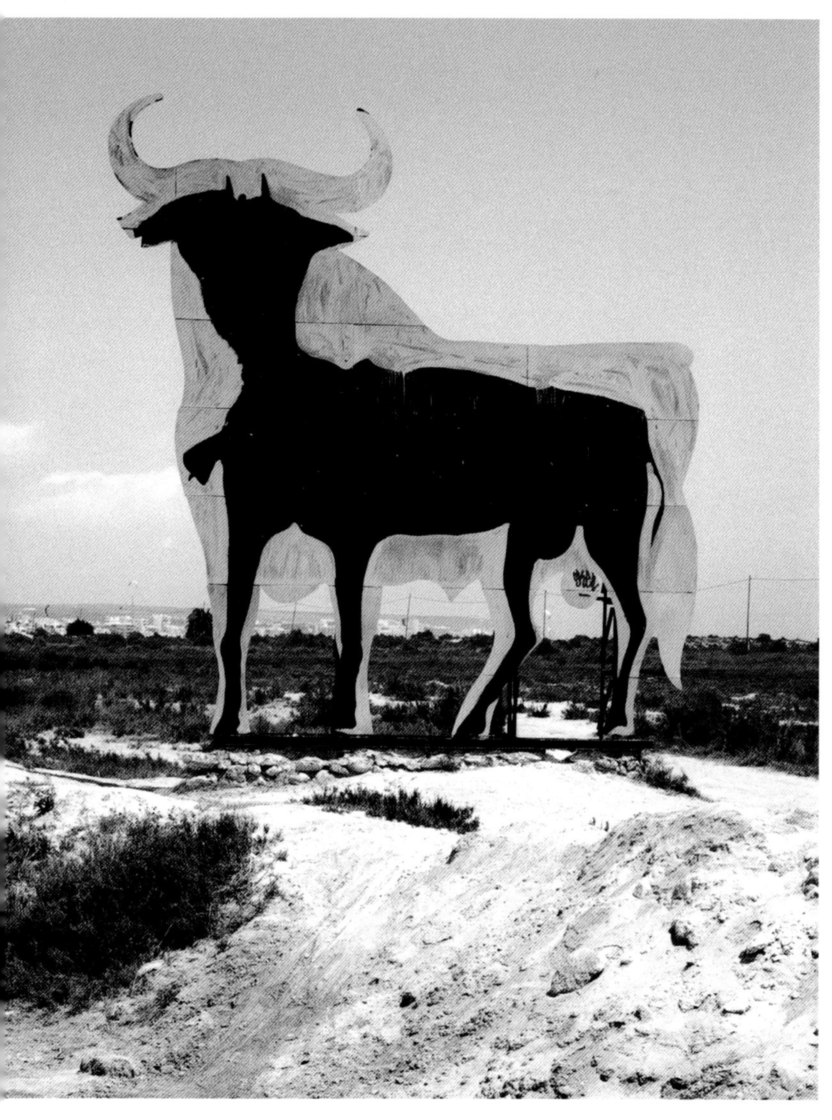

8. Torremolinos, 2009

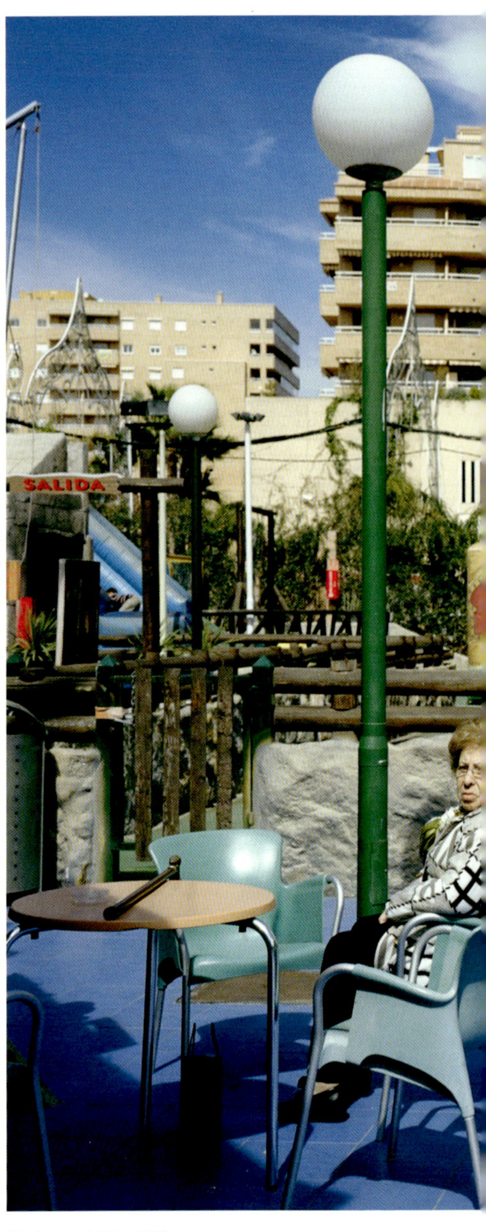

39. Oropesa del Mar, 2008

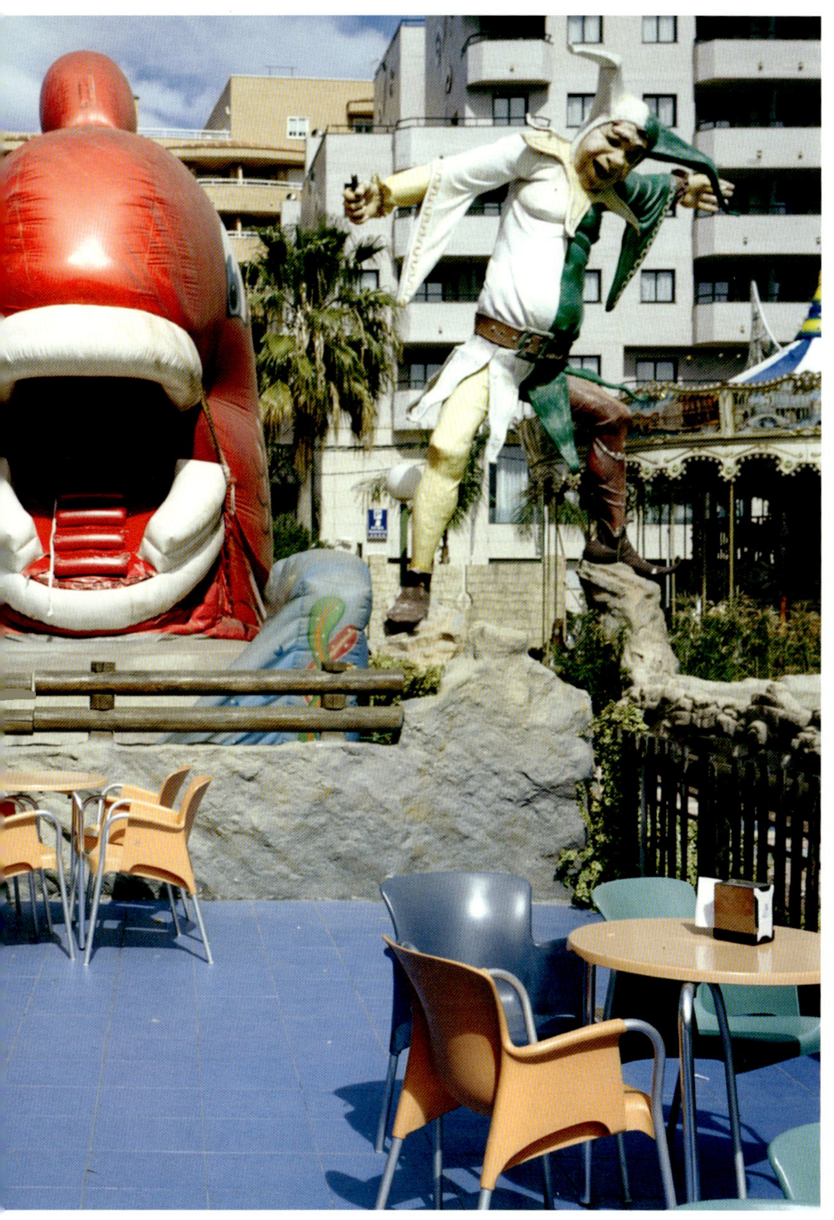

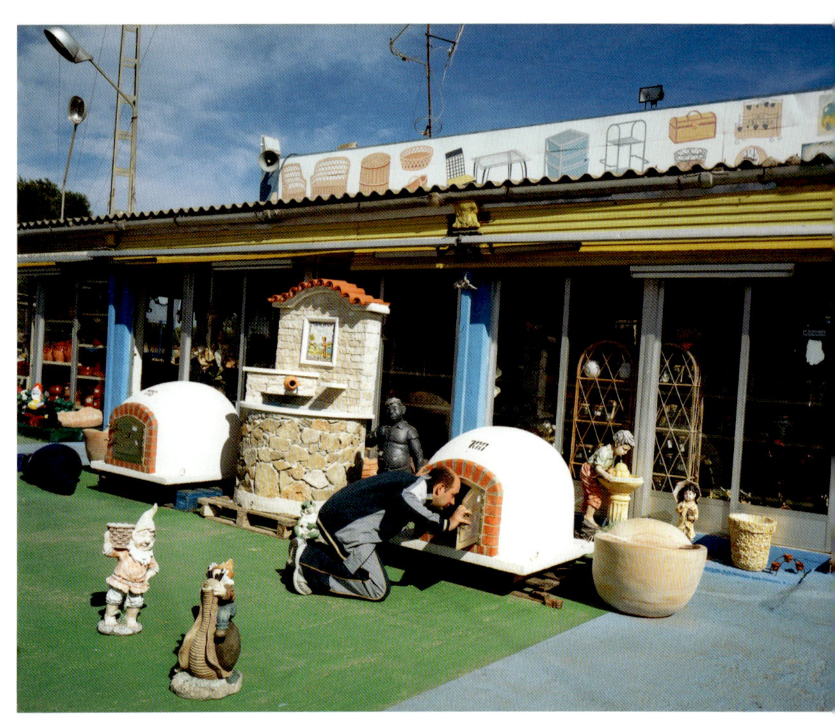

40. Oropesa del Mar, 2008

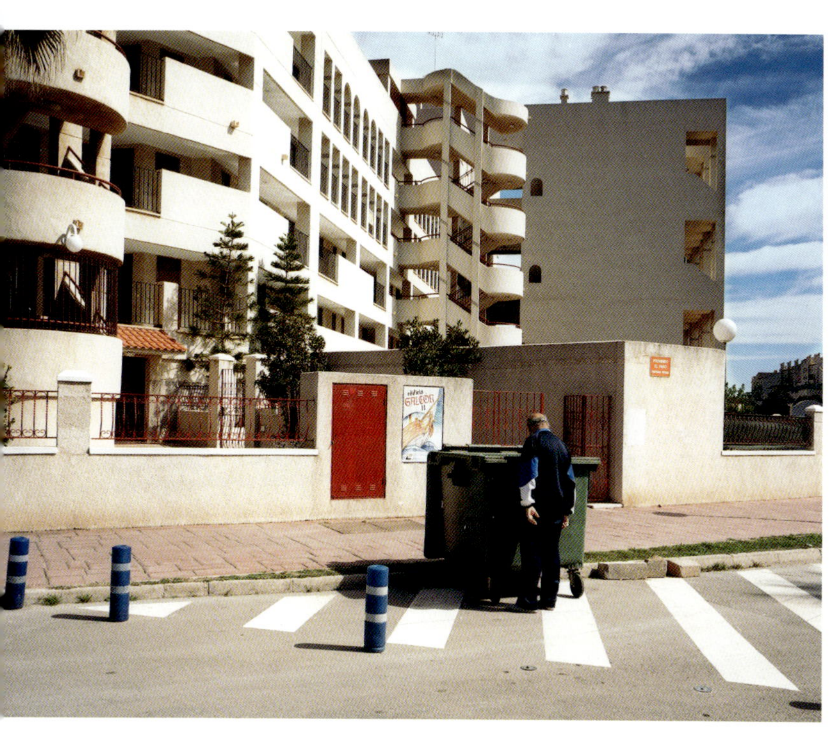

11. Oropesa del Mar, 2008

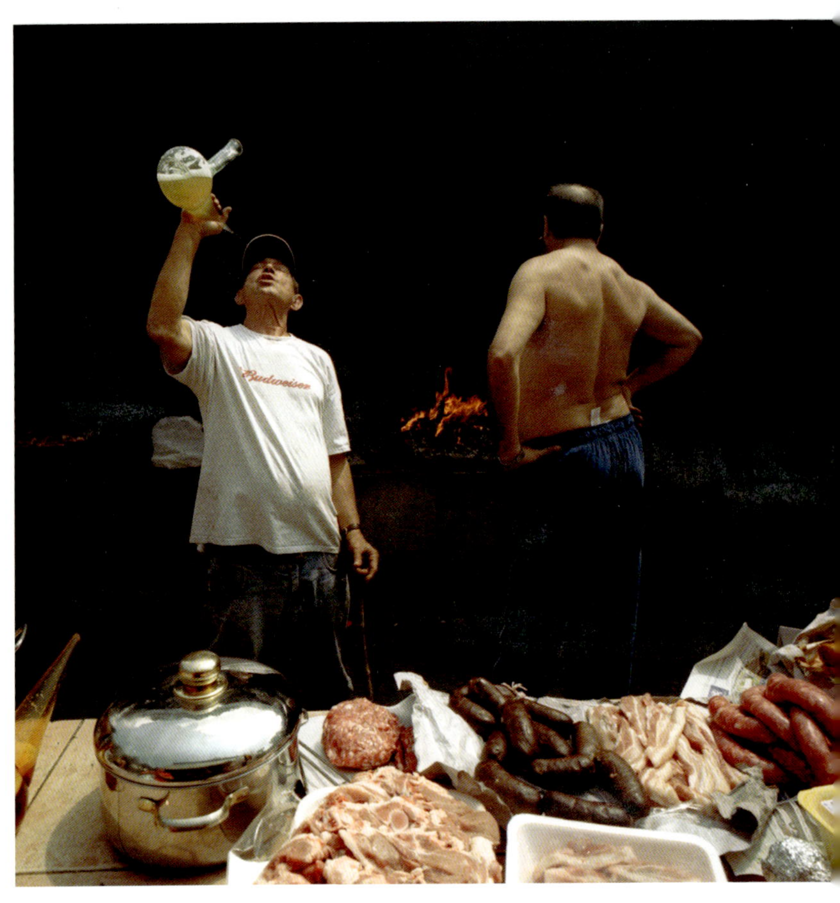

42. Begues, 2006

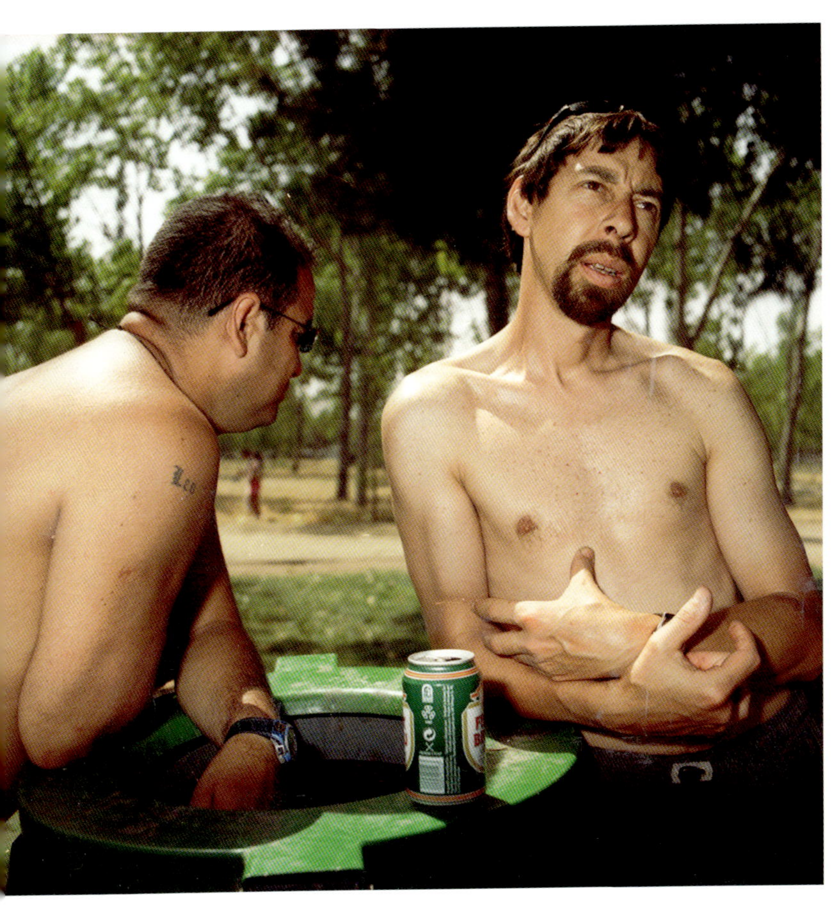

13. El Prat de Llobregat, 2006

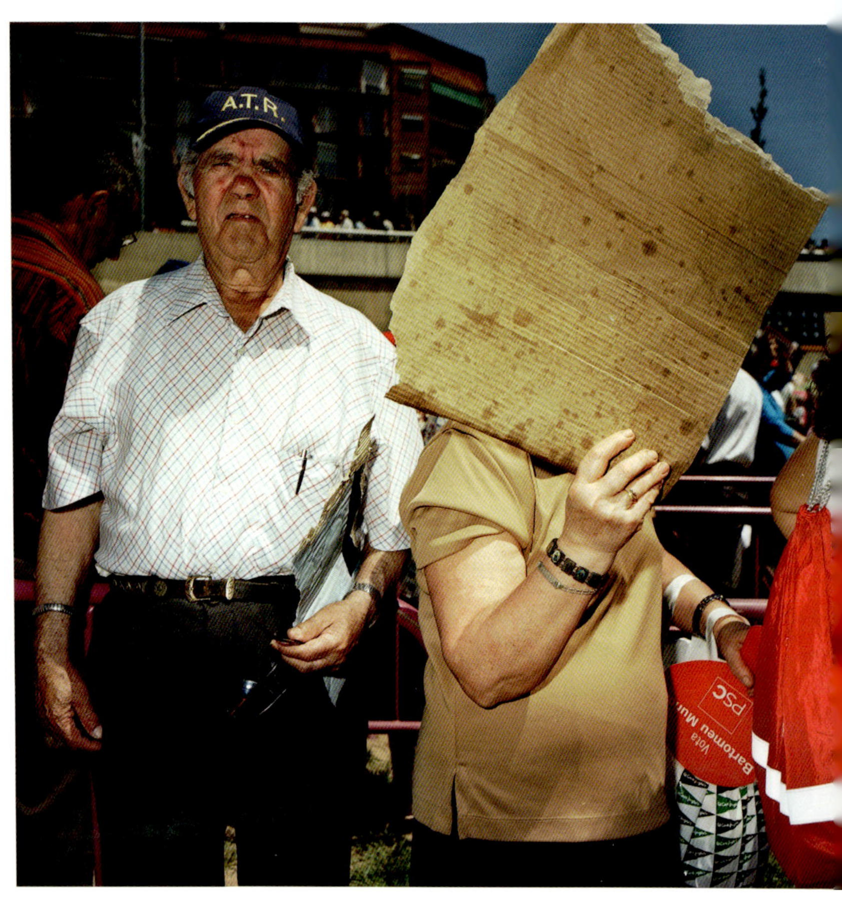

44. Badalona, 2006

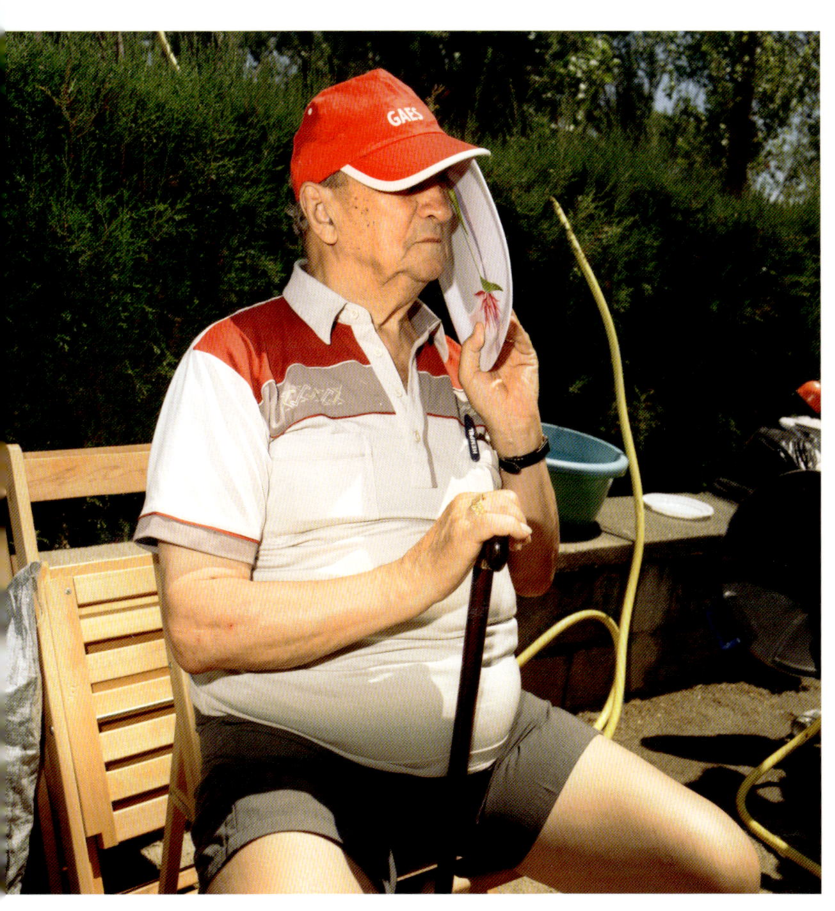

5. El Prat de Llobregat, 2006

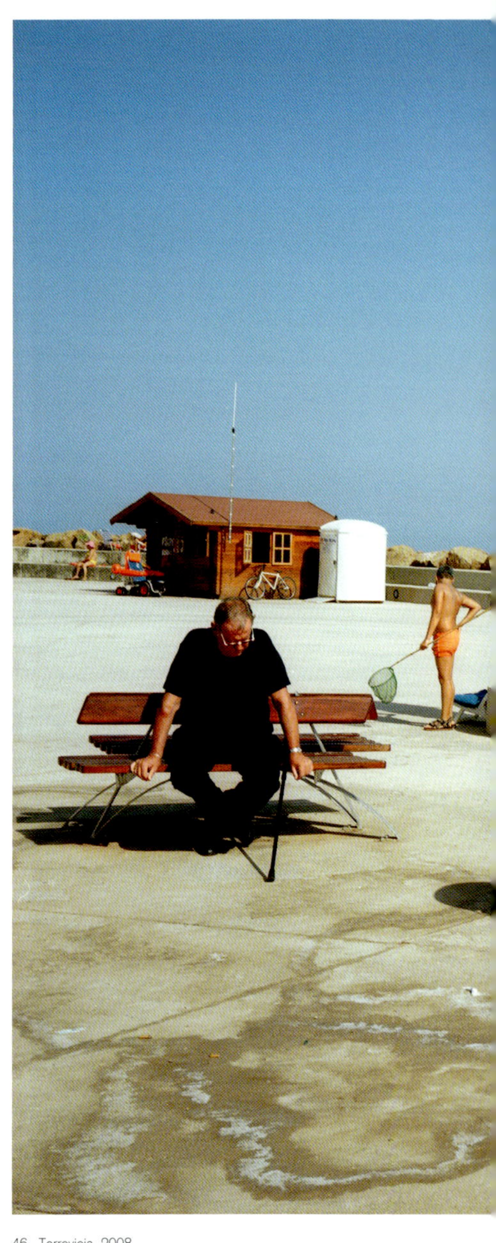

46. Torrevieja, 2008

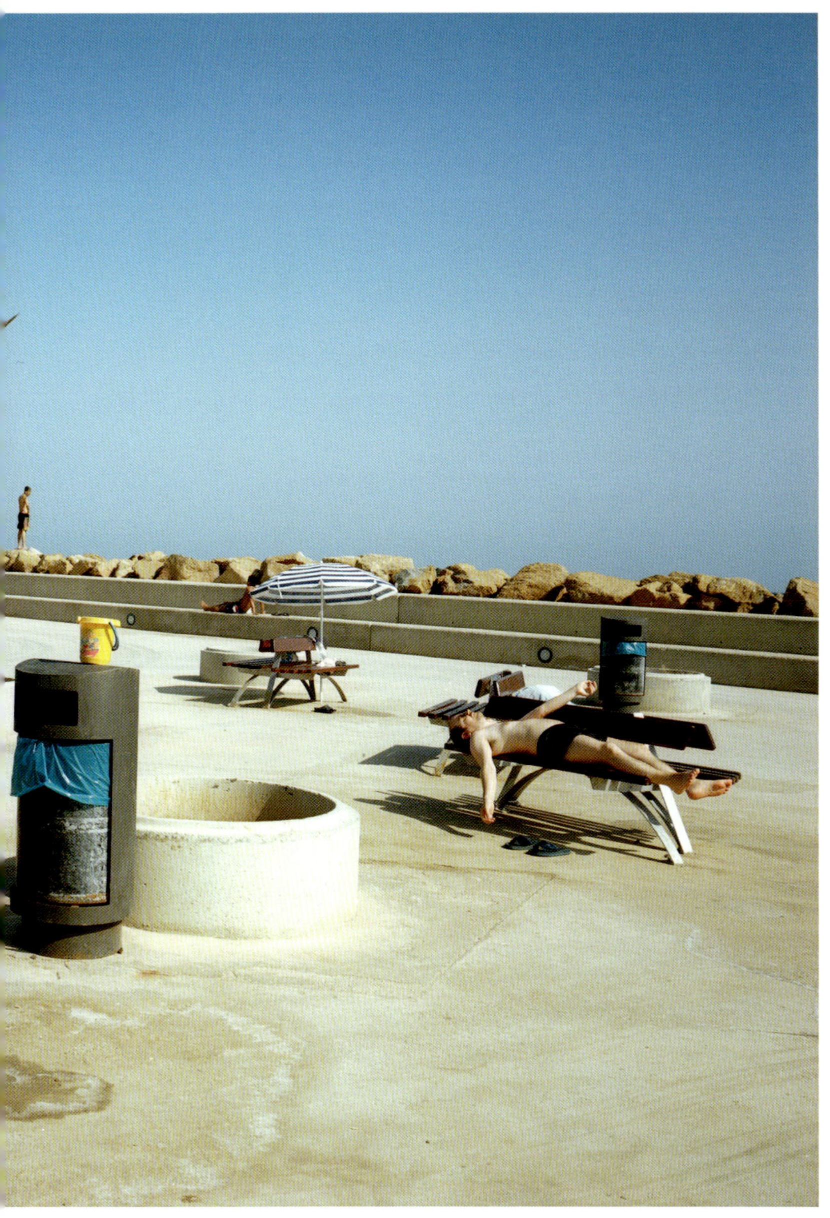

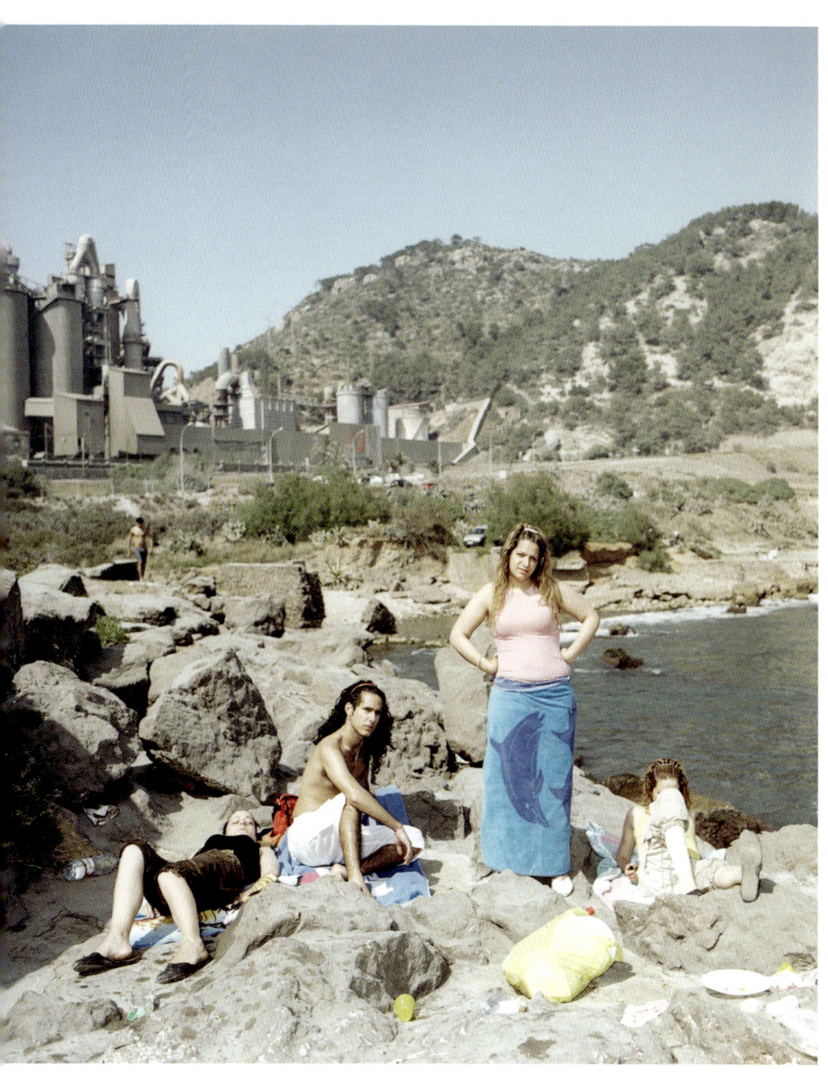

7. Sitges, 2007

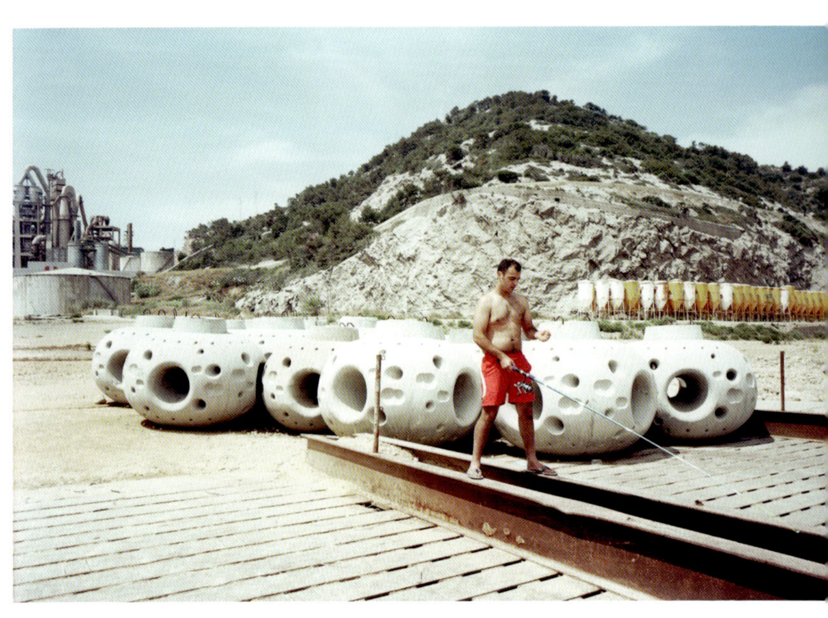

48. Sitges, 2009

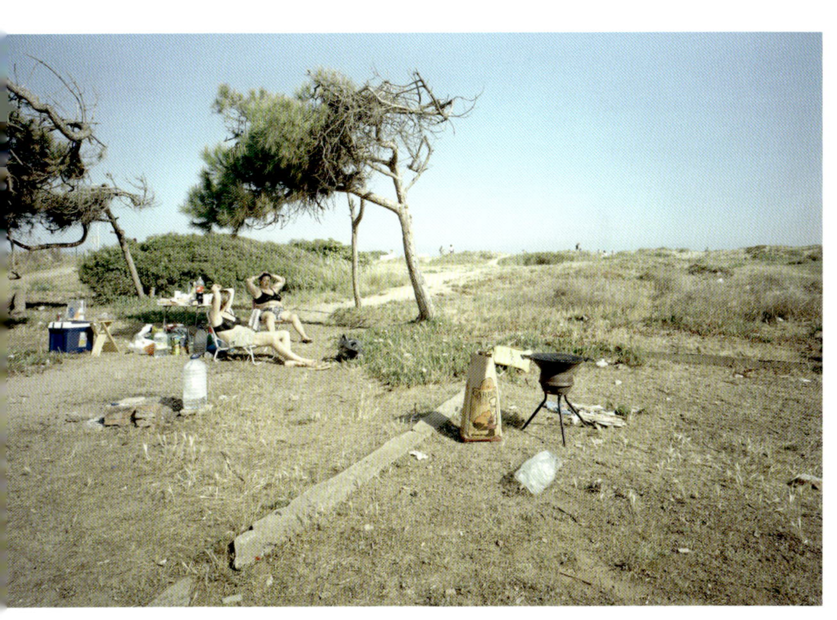

9. Castelldefels, 2005

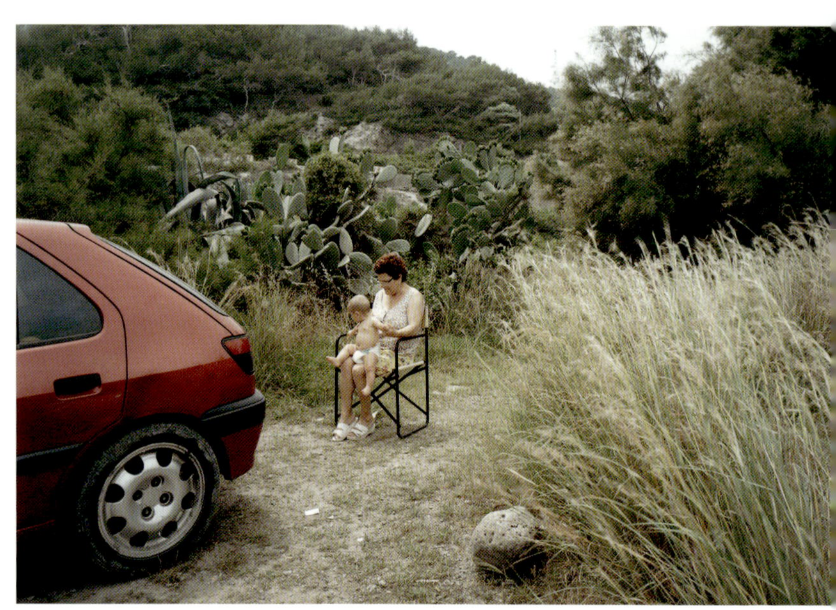

50. Sitges, 2008

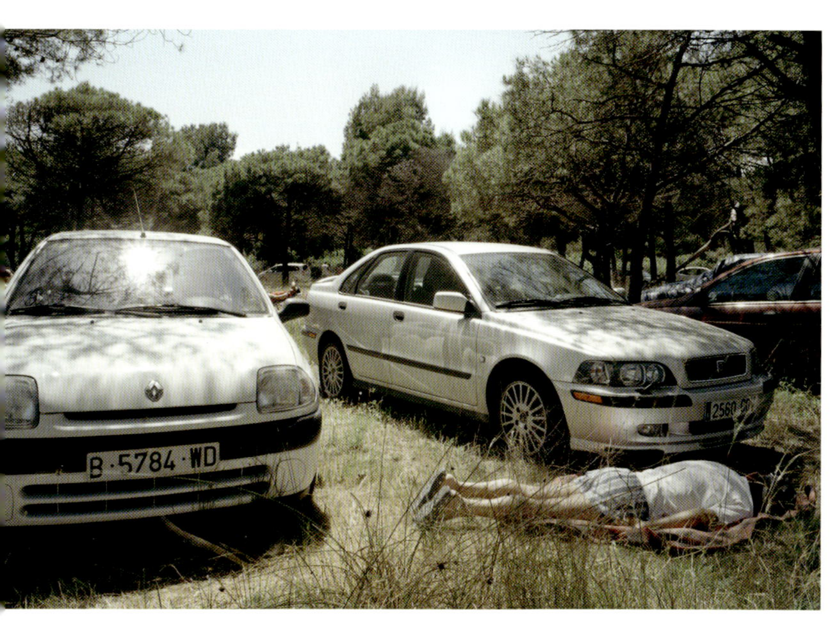

1. Castelldefels, 2005

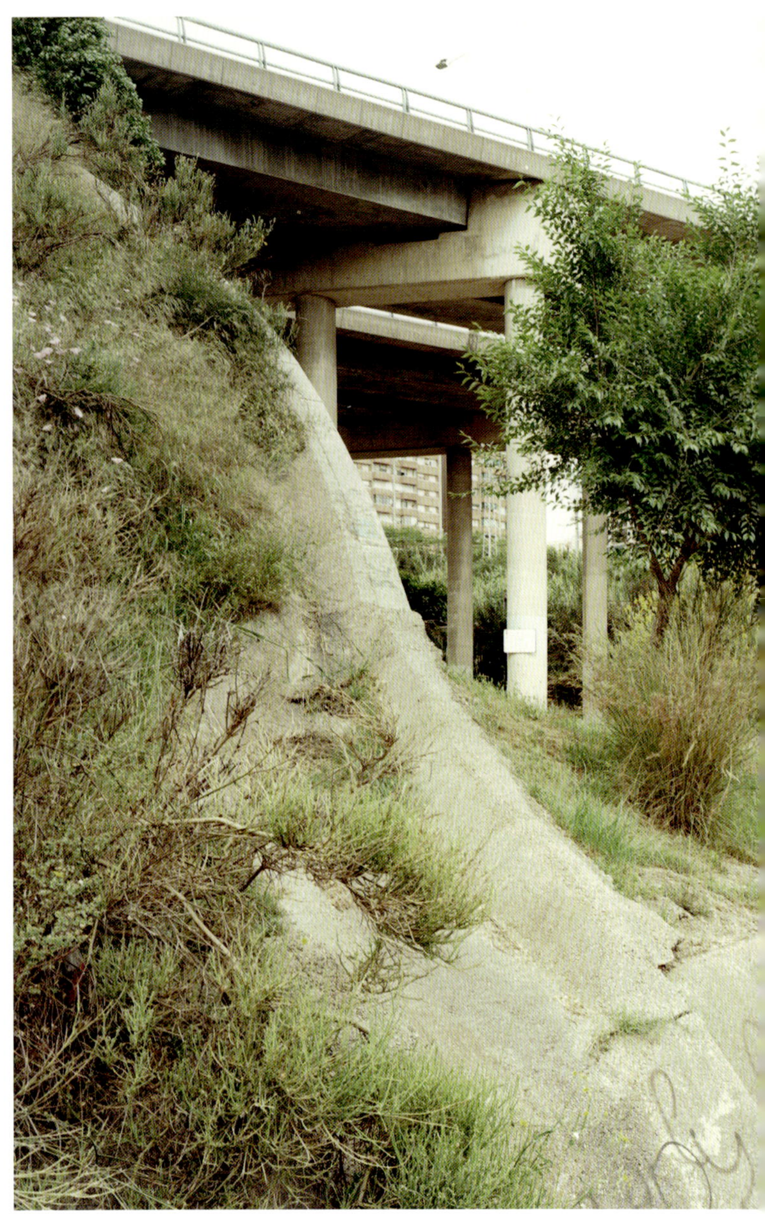

52. Hospitalet, 2009

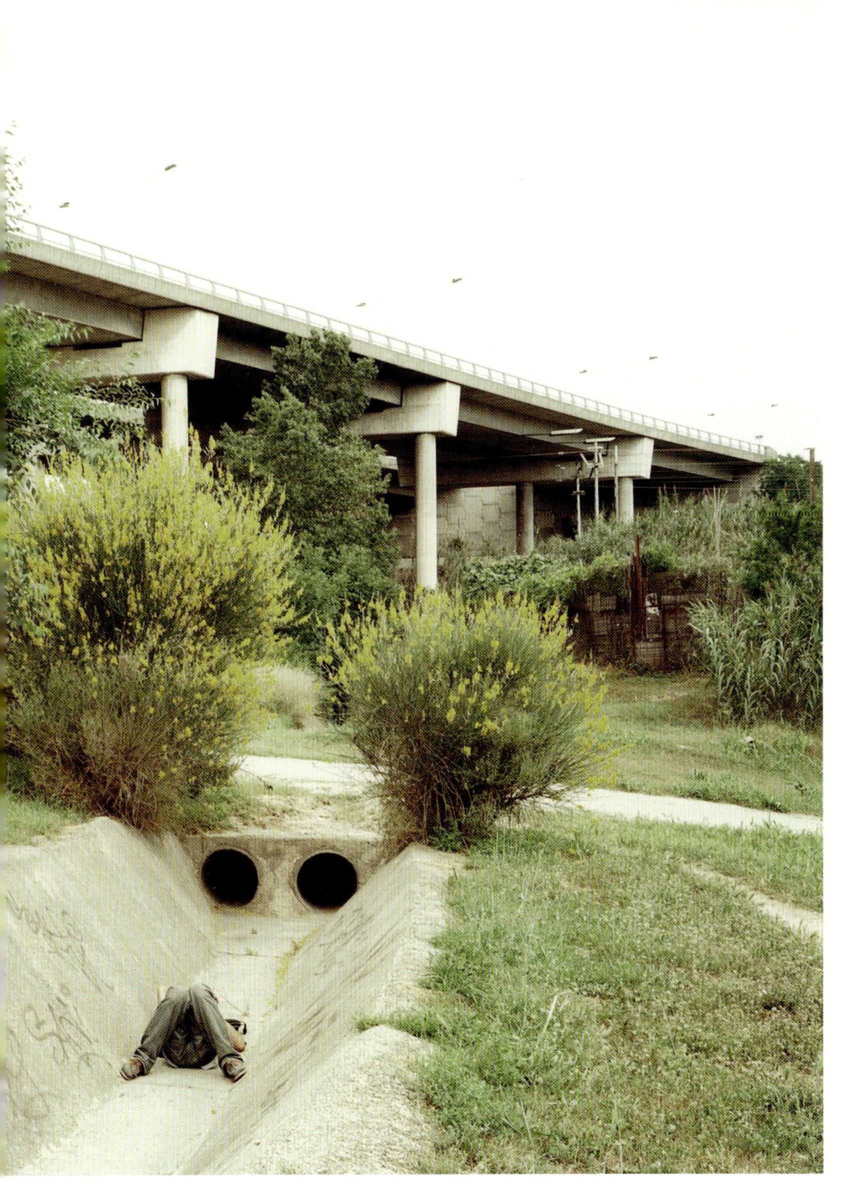

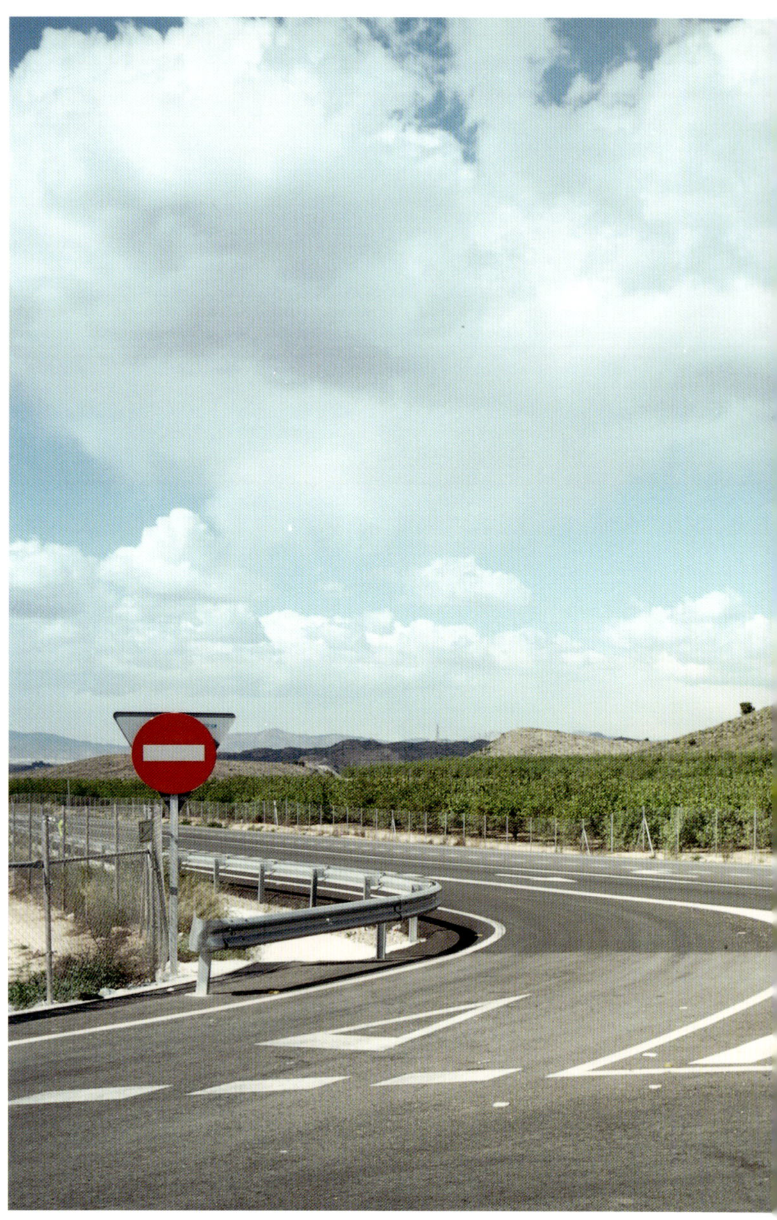

53. 38º04'05,59'' N / 1º05'20,49'' O

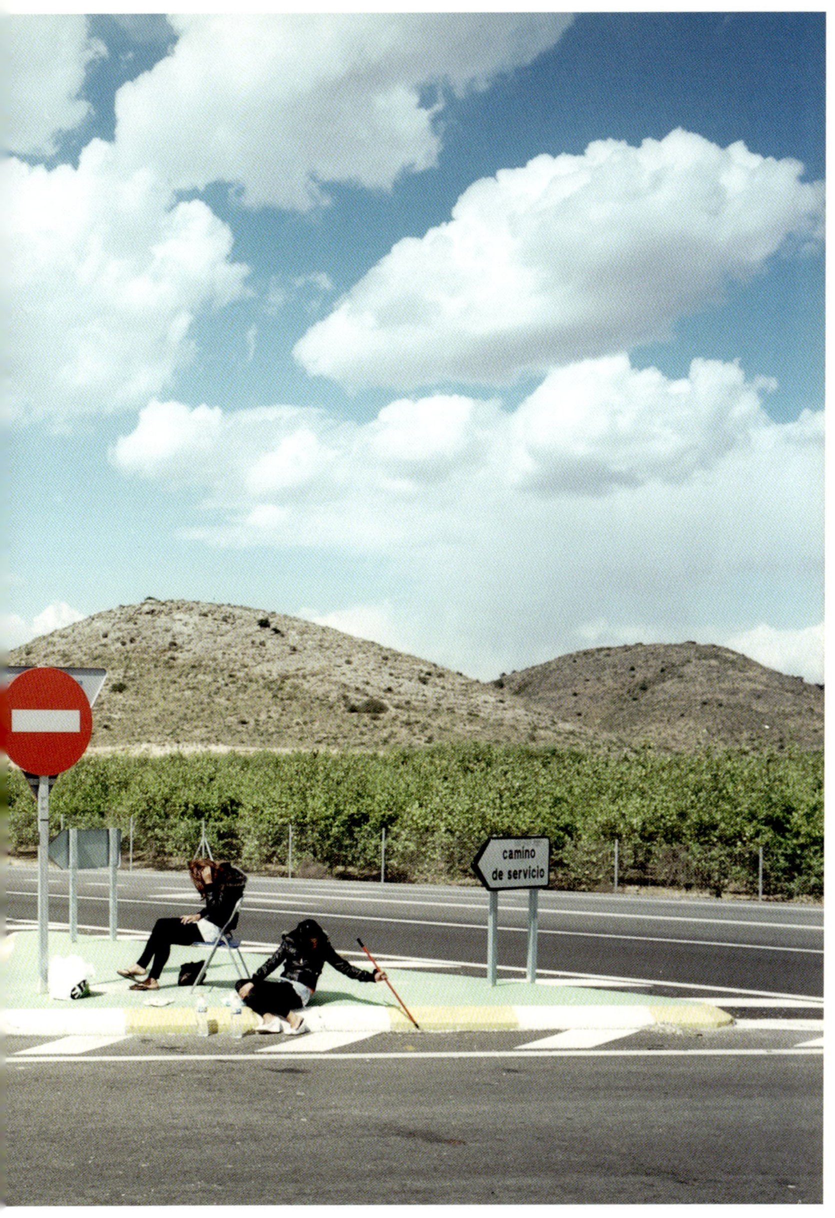
camino
de servicio

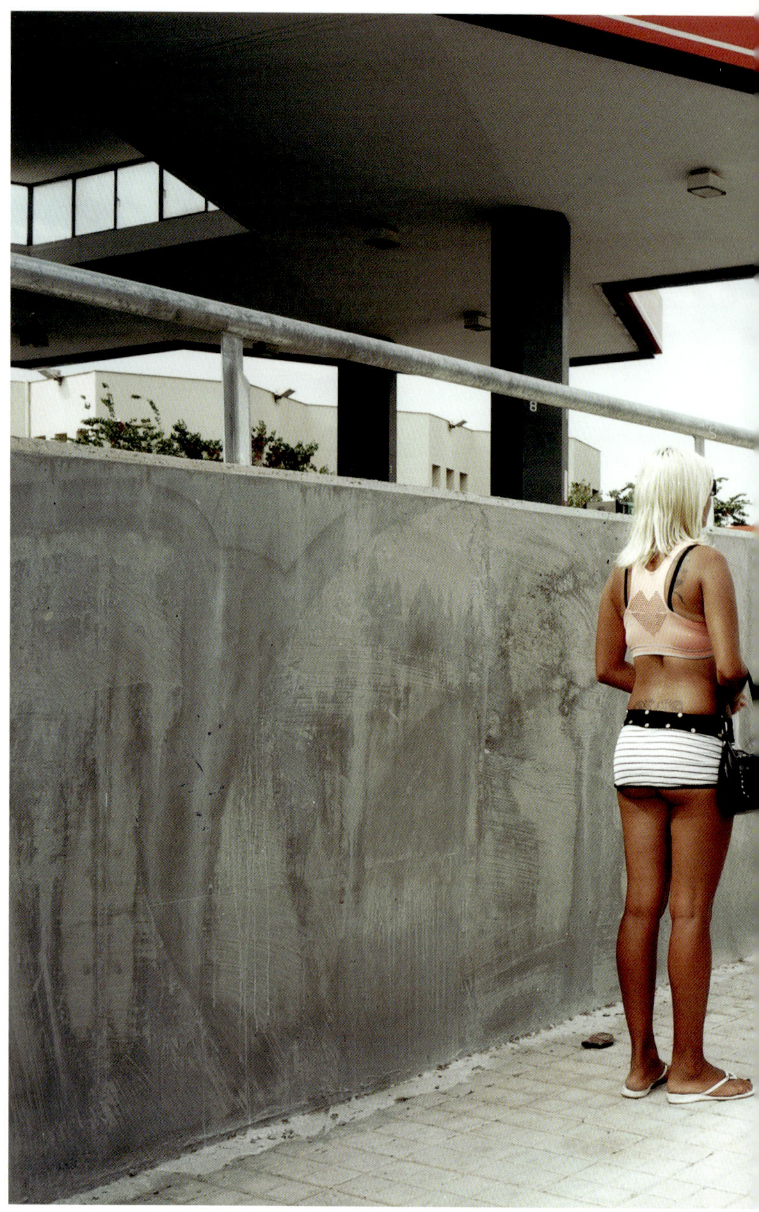

54. 41º18'58,21'' N / 2º04'11,66'' E

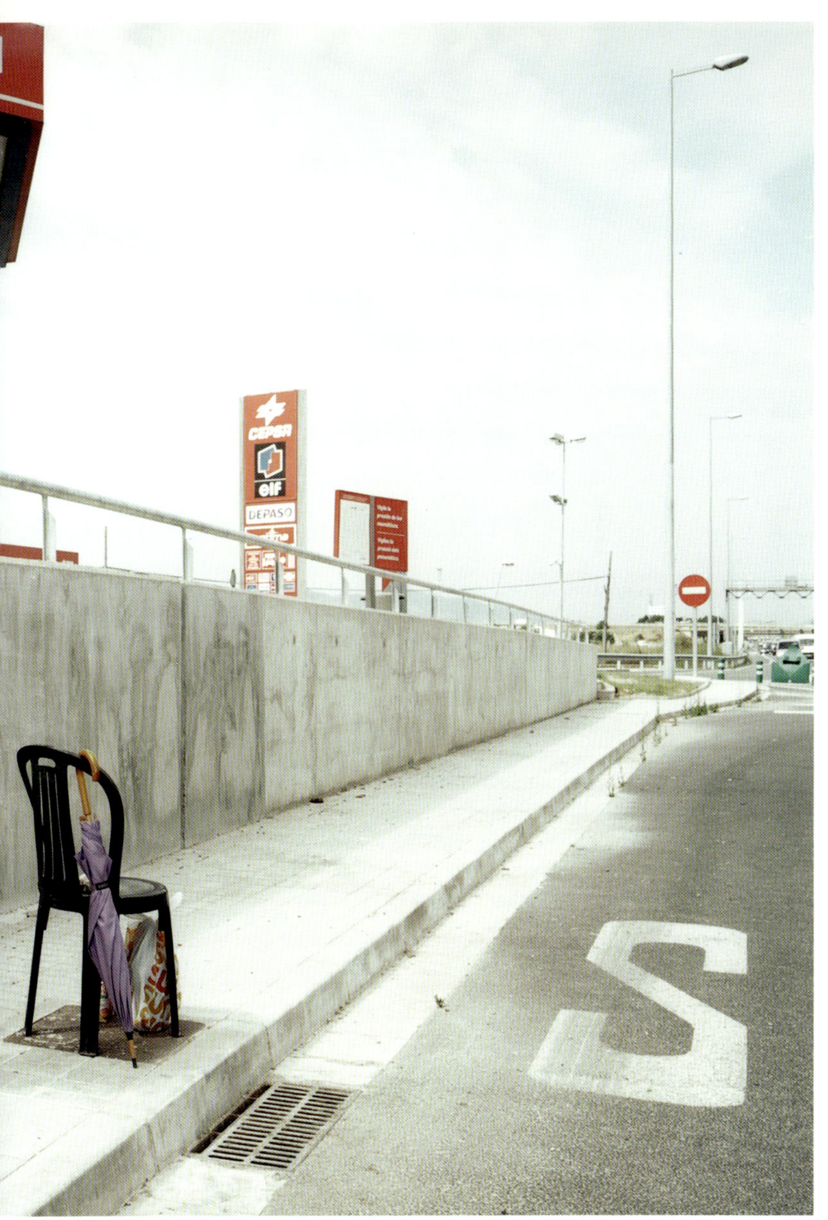

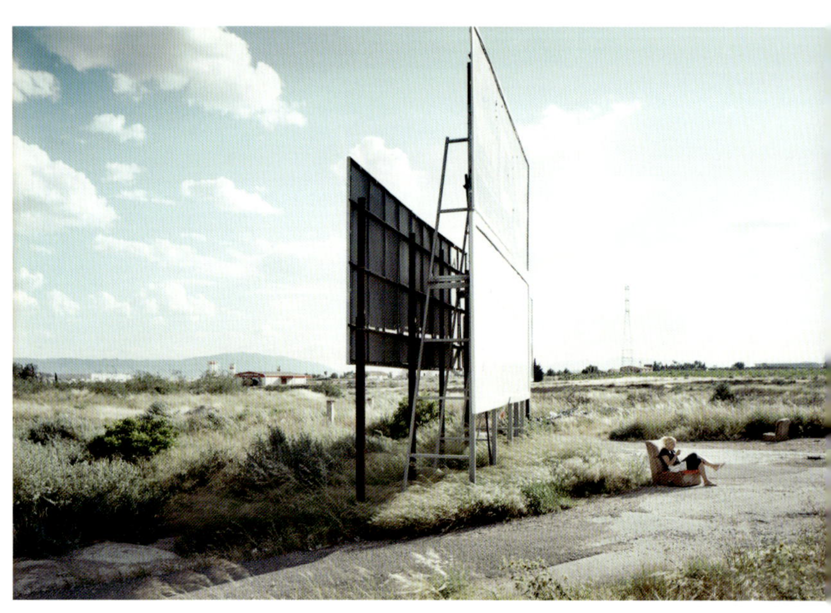

55. 38°02'53,25'' N / 1°06'55,33'' O

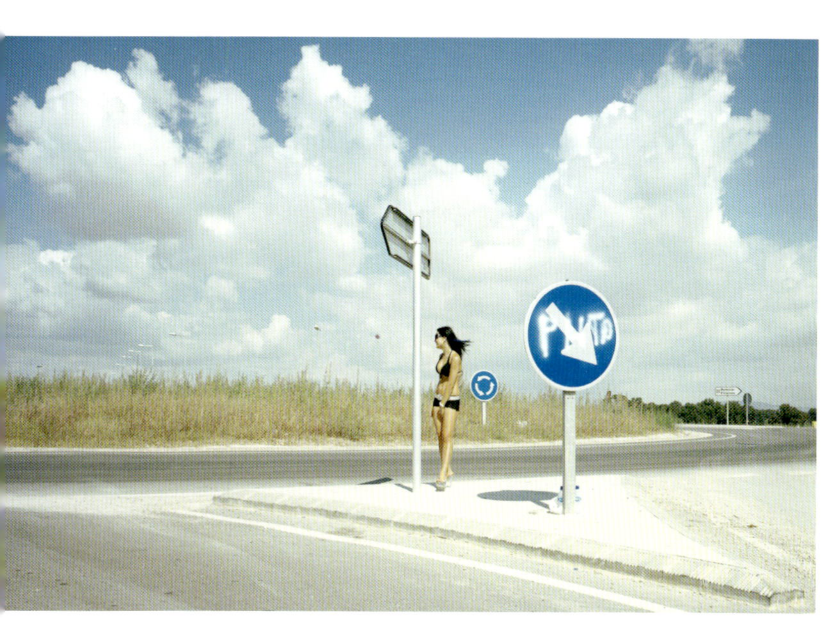

41º16'41,22'' N / 2º03'10,16'' E

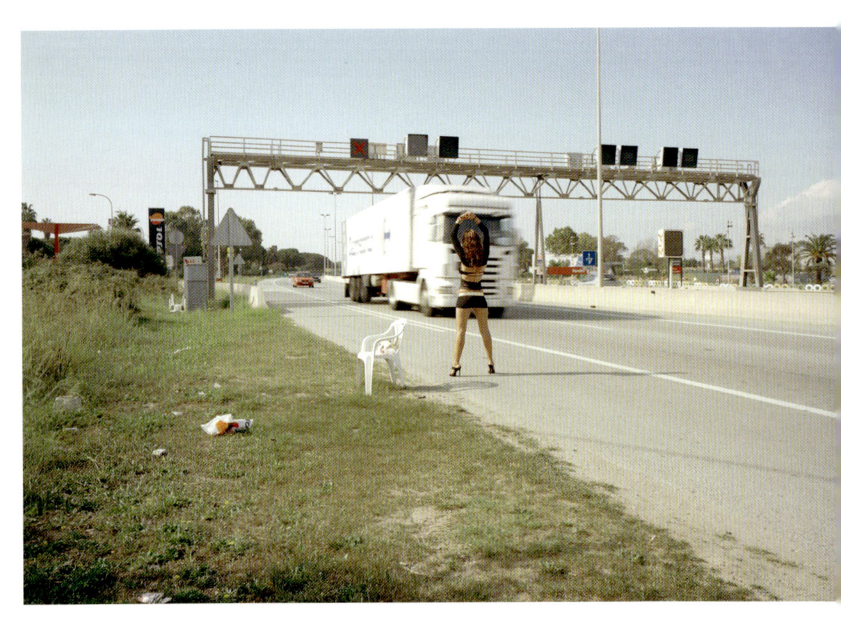

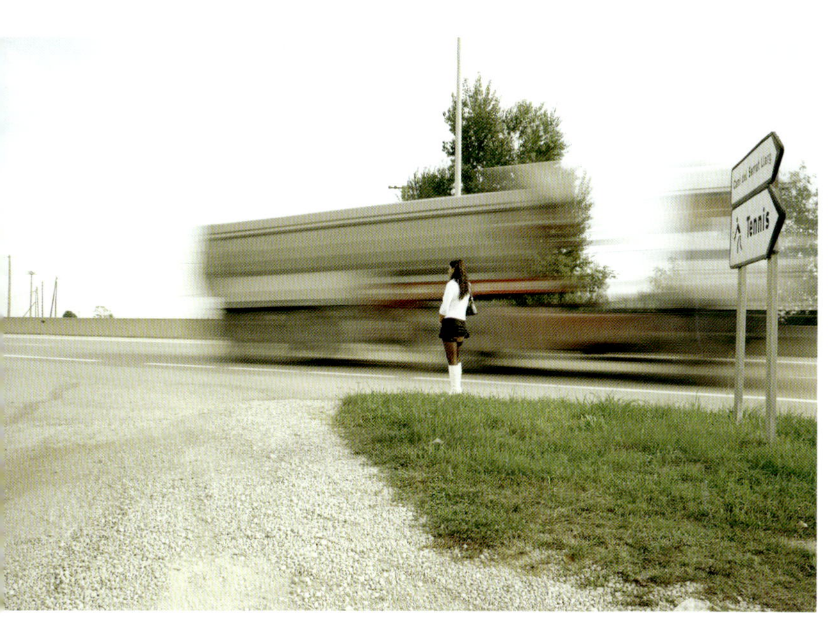

8. 41°18'39,86'' N / 2°03'56,91'' E

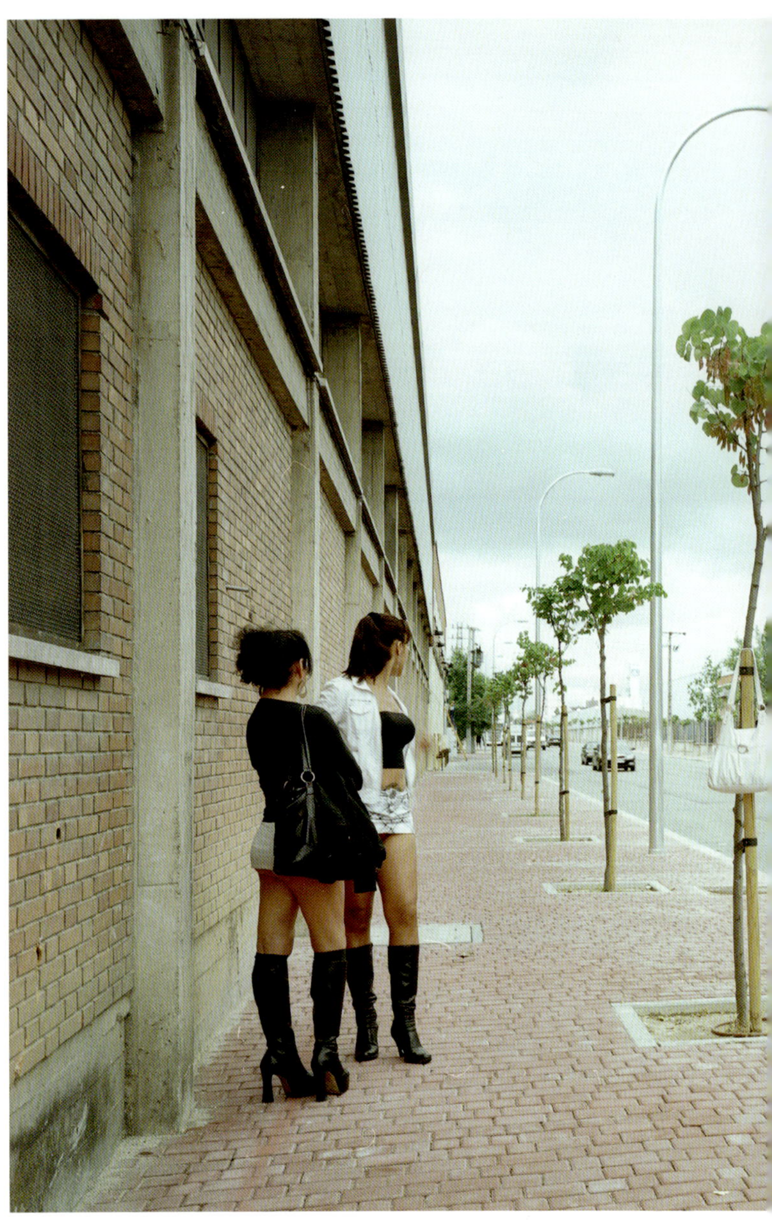

59. 40º20'21,67'' N / 3º41'51,73'' O

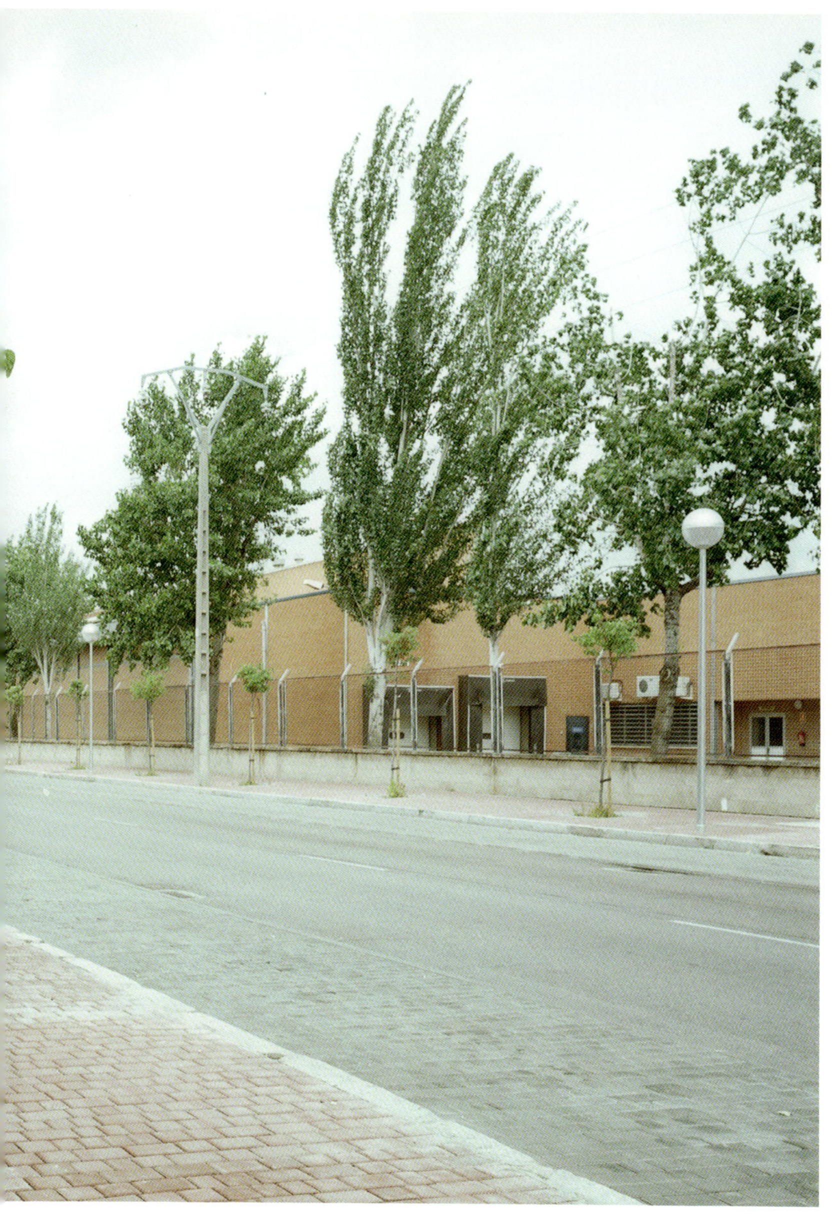

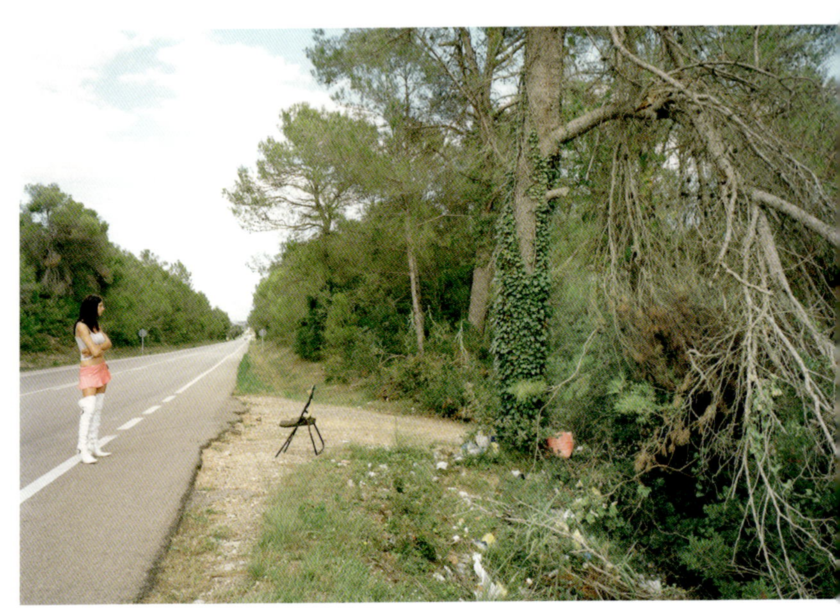

60. 42º08'11,05'' N / 3º00'38,37'' E

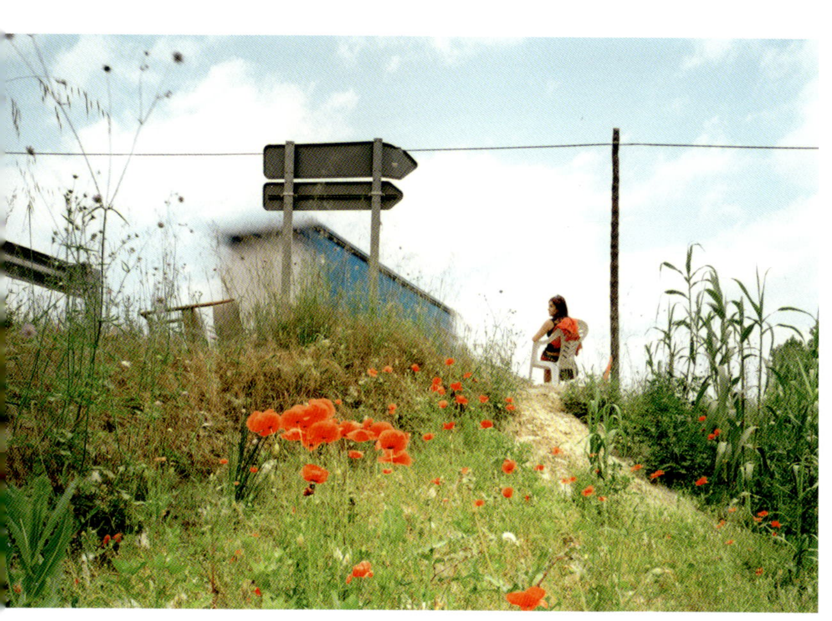

1. 41°05'00,13'' N / 1°05'33,48'' O

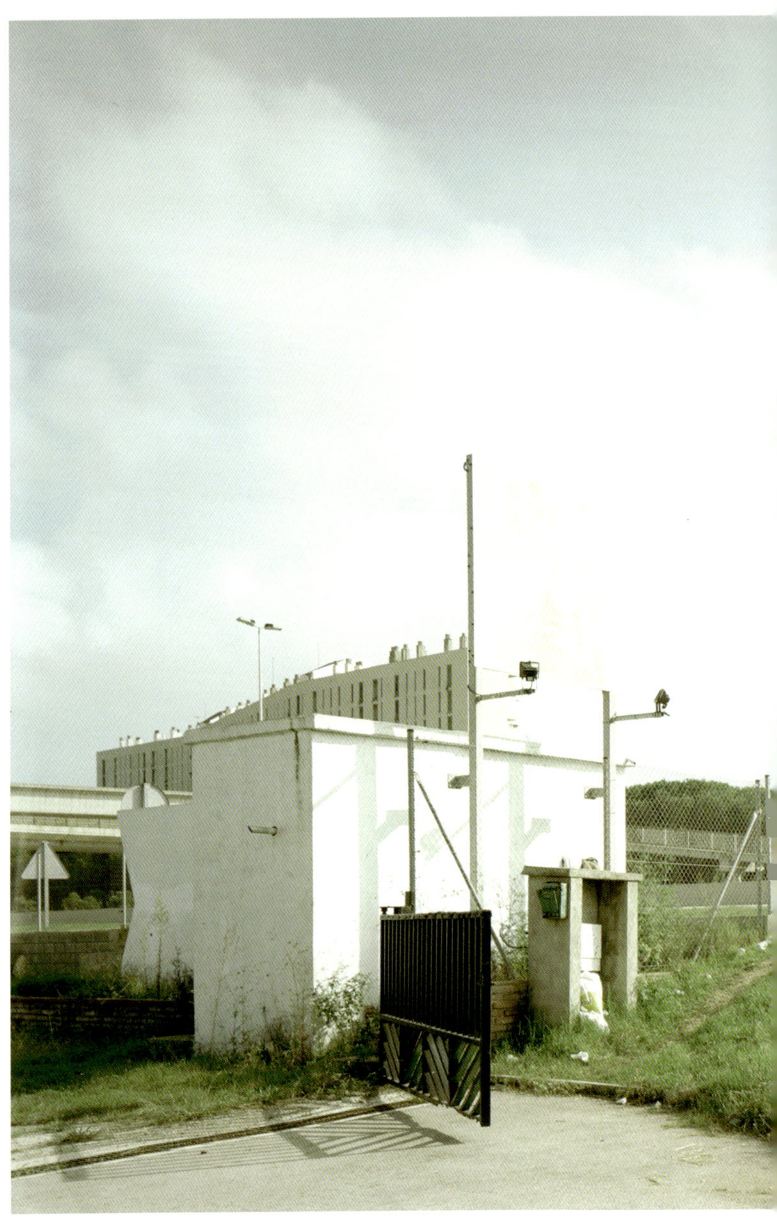

62. 41°16'19,57'' N / 2°02'12,65'' E

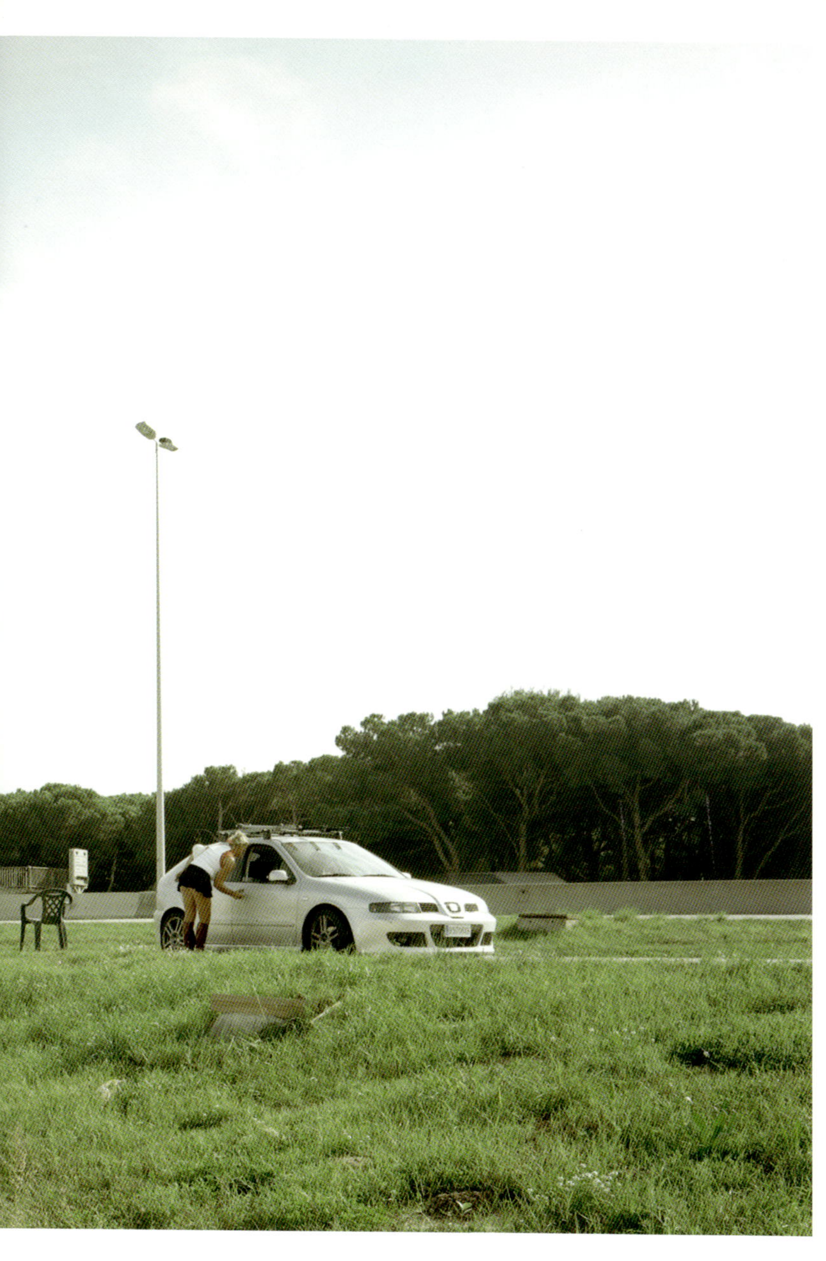

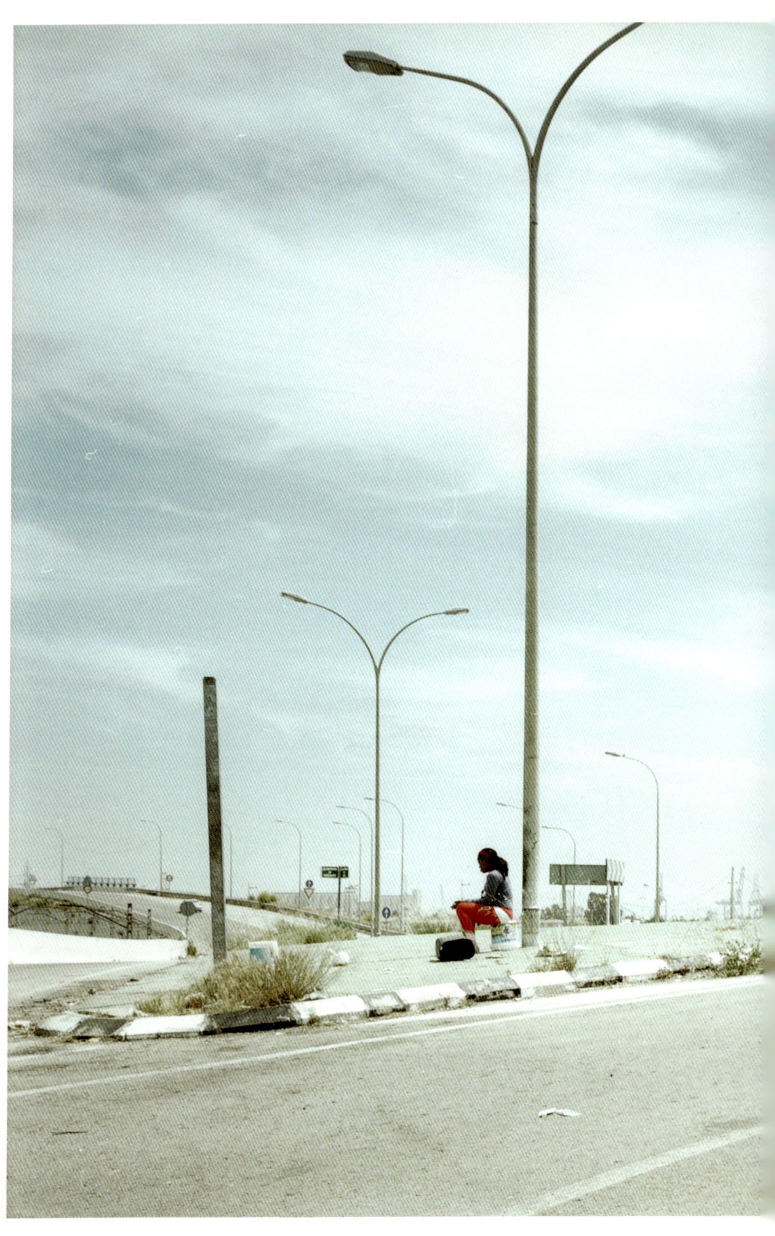

63. 39º26'21,78'' N / 0º23'34,26'' O

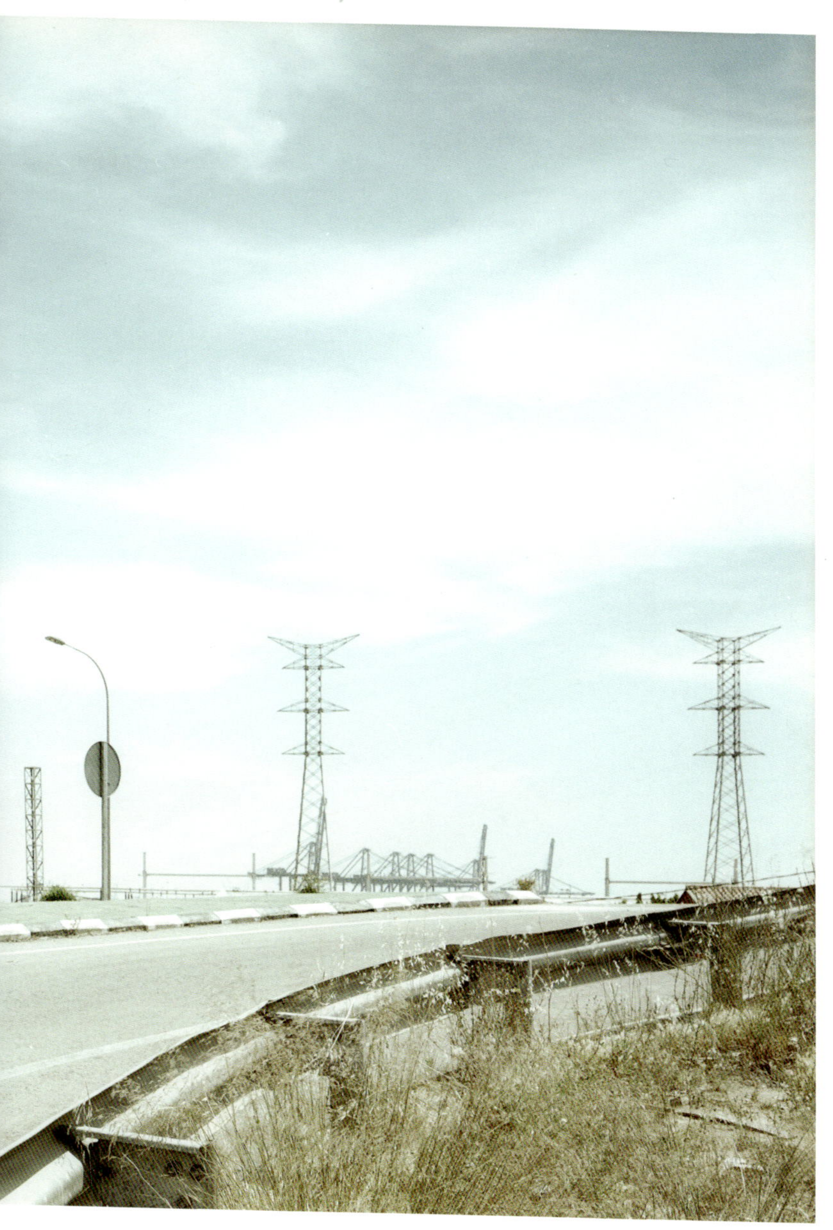

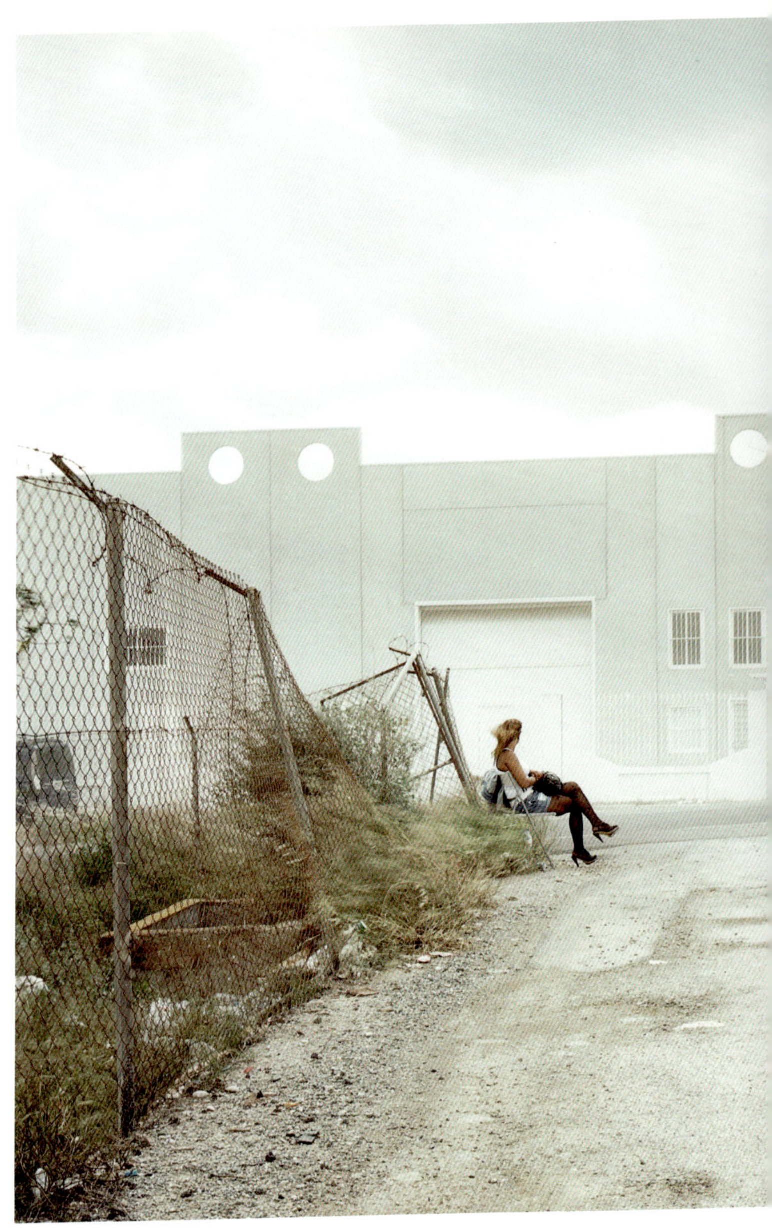

64. 38°02'44,87'' N / 1°05'32,99'' O

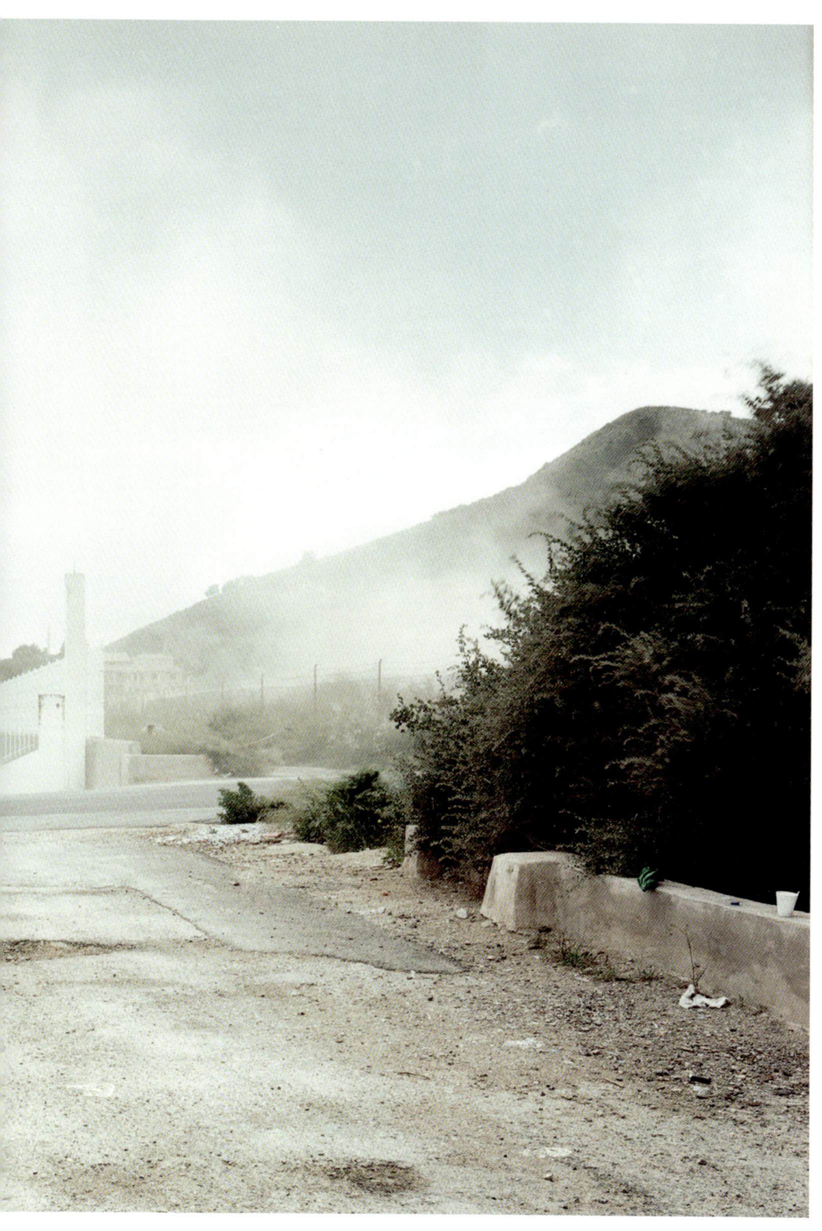

Cronología

1971 Nace en Barcelona, donde mantiene su residencia y colabora con revistas como *El País Semanal*, *Magazine de La Vanguardia* y *Dominical* de *El Periódico*.

1992 Comienza a estudiar Fotografía en la Escuela de Fotografía Grisart y Biología en la Universidad de Barcelona.

1993 Recibe varios premios en los concursos fotográficos Estiu'92 y Estiu'93, de la Generalitat de Cataluña, entre ellos el Premio a la Mejor Colección en ambas ediciones celebradas el mismo año.

1994 En la 11ª Muestra de Fotografía Joven de la Generalitat de Cataluña obtiene el primer premio en la modalidad de fotografía en blanco y negro y un accésit en la modalidad de color.
Gana el primer premio en los certámenes Festa del Pi, del Ayuntamiento de Centelles, y en la Muestra de Fotografía de Sitges.

1995 Obtiene una beca del Ministerio de Cultura español para estudiar en el International Center of Photography de Nueva York.
Gana los primeros premios en la 12ª Muestra de Fotografía Joven de la Generalitat de Cataluña por la mejor colección y en la Muestra de Fotografía Joven de Sitges, y queda en segundo lugar en los concursos de Arts Andorra y de Rutas del Mundo.

1996 Asiste al centro de creación Fabrica, dirigido por Oliviero Toscani, gracias a una beca de Benetton.
La Revista de *El Mundo* le concede un premio en la mención Naturaleza.

1997 Gana el primer premio de FotoPres 97, con las series «Historia de Juan Durvan» y «Vivan los novios», y una mención de honor en el VI Premio Fujifilm de Fotografía de Prensa.

1998 Obtiene el segundo premio Acttec de Fotografía *on line*.

2000 Es seleccionado por Publio López Mondéjar para el libro *150 años de fotografía en España*. También se le incluye en la publicación *Introducció a la història de la fotografia a Catalunya*.
Se alza con el segundo premio en Fototravallo.

2001 Recibe la Medalla de Oro otorgada por la Society of Publication Designers de Nueva York, por un reportaje publicado en *Big Magazine*.
Premio Laus 01 a su cd-rom *Como la vida misma*.
Participa en el libro *Barcelona+*.

2002 Hace la foto fija de la película *Smoking room*.

2003 Participa en el libro *Acròstic*, coordinado por Jaume
     Subirana.
2004 Su obra es incluida en el libro *24 h*.
     Gana el primer premio en el concurso de fotografía de
     la Caja de Ahorros del Mediterráneo.
2005 Su publicación *Nice to meet you* es reconocida con
     el premio al Mejor Libro de Fotografía del Festival
     PHotoEspaña.
2010 Publica en la revista *Matador*.
     Es seleccionado para participar en el libro *Future
     images*, editado por Mario Cresci.

Exposiciones

1994 *Muestra joven de fotografía española*. Antiguo Museo
     de Arte Moderno de Madrid.
1997 Certamen de Fotografía Injuve. Antiguo Museo de Arte
     Moderno de Madrid.
1998 Primavera Fotográfica. Escuela Grisart, Barcelona.
     PHotoEspaña. Madrid.
     Alzheimer. La Caixa (itinerante).
1999 Certamen de Fotografía Injuve. Antiguo Museo de Arte
     Moderno de Madrid.
2000 PHotoEspaña. Madrid.
     Primavera Fotográfica. La Caixa, Barcelona.
     Cuadernos. Tecla Sala, Barcelona.
     Fotografía española del último siglo. Museo Reina
     Sofía, Madrid.
     Diarios íntimos. La Caixa (itinerante).
2002 Primavera Fotográfica. Sala Camper, Barcelona.
     Art emergent. Feria de arte de Barcelona.
     Como la vida misma. Jornadas de Fotografía de Castell
     Bisbal (Fotopsia).
2003 Festival Visa. Casa Catalunya de Perpiñán,
     Francia.
2004 *Pornografía*. Galería H2O, Barcelona.
     Sala La Capella, Barcelona.
     Primavera Fotográfica. Galería La Santa, Barcelona.
     Museo Abelló, Mollet del Vallès.
2005 Palau de la Virreina, Barcelona.
2006 Galería Jorge Juan, Valencia.
     Llámalo foto. FNAC-Nokia (itinerante).
     Fotoencuentros. Murcia.
     Generación 2006. Caja Madrid (itinerante).
2007 *La vitrina del fotògraf*. Palau Robert, Barcelona.
     Origens. Museo de Zoología, Barcelona.

Fotoperiodisme a Catalunya 1976-2000. Palau de la Virreina, Barcelona.

Ciclo Mediterránea. Centro de Arte La Panera, Lleida.

2008 *Laberinto de miradas*. Casa América Catalunya y Aecid (itinerante).

Turismo, espacios de ficción. Museu del Disseny HUB, Barcelona.

2009 *Vida extra*. Caja Madrid, Barcelona.

Sala Blanquerna, Madrid.

2010 *Spanish hits*. Museu Sant Roc, Valls.

Getxophoto. Gexto.

2011 Fotoencuentros. Murcia.

Publicaciones

2002 *La Boquería*, de Manuel Vázquez Montalbán. Ayuntamiento de Barcelona.

2004 *Nice to meet you*. Actar. Barcelona.

2005 *Uno más de la familia*. Zendrera Zariquiey. Barcelona.

2009 *Barcelona museu secret*, de Ignacio Vidal Folch. Actar. Barcelona.

Essencial Barcelona. Ayuntamiento de Barcelona.

2010 *El Carmel 30 anys de progrés*. Ayuntamiento de Barcelona.

Pepe Baeza

Fotógrafo, docente y ensayista. Se desempeña como editor de Fotografía del *Magazine*, suplemento dominical de *La Vanguardia*, y como profesor de «Géneros fotográficos» y de «Teoría y técnica del fotoperiodismo», en la Facultad de Ciencias de la Comunicación de la Universidad Autónoma de Barcelona, donde se doctoró en Ciencias de la Información. Es autor del libro *Por una función crítica de la fotografía de prensa* (2001).

This photographer, teacher and essayist. He works as the photography editor of *Magazine*, the Sunday supplement of the *La Vanguardia* newspaper and teaches "Photographic Genres" and "The Theory and Technique of Photojournalism" at the School of Communication Sciences in Barcelona's Universidad Autónoma, where he received his doctorate in Information Sciences. He is also the author of the book *Por una función crítica de la fotografía de prensa* (2001).

A High Intensity Intermediary

Pepe Baeza

Photography is a way of intensifying the experience of being fully present in every place and moment. Its practice favours attention, lends depth and variety to the most everyday things and turns the inevitable exercise of looking into pleasant awareness training. These modes of experience in photography would be sufficient reason to devote oneself to it for life, but a higher level still exists: some photographers successfully address the complex terrain of mediation and transcend the borders of contemplation to intervene in shaping the very idea we have of the world. Txema Salvans is one of them. As a professional, Salvans always guarantees a very effective adaptation of his style, which is only apparently spontaneous, to the rigour of a commission. As a documentary photographer, he is a qualified medium able to endow meaning to the actions and expectations (or lack of same) of our fellow men. His work is very unique because Salvans must have a vital connection with the subjects he chooses and this distances him from thematic imperatives and the confirmatory function of similar practices such as photojournalism. In spite of this, his photos are very well known because the press has frequently turned to his fresh gaze to reflect various aspects of human relationships, although his working method does not get on at all well with the most common subjects of reportage.

And so Salvans applies his own working method, one that involves setting an open agenda that enables him to define his day's plan as he goes along. This plan may imply immersing himself in the stupor of a campground, accompanying guests with his camera at a wedding or disguising himself as a topographer to photograph prostitutes along a highway. At any given time, he may decide to be a hunter of moments and the next day an artist; work alone on Tuesday and in the company of another photographer friend on Wednesday; persevere in order to achieve a result and yet shortly afterward let an unrepeatable reality go by, knowing wisely that to try to take advantage of everything turns photography into an activity impossible to fully embrace. Being an attentive, demanding people watcher does not oblige him to regularly produce; just as happens with all of us, some days he is ready to work and other days he is not – the difference is that he makes his own choice daily.

In Salvans's photos there is something of a public expression of his surprise at the world but this is not because he is naive, but because he is fully aware that the attitude we adopt in terms of life influences the way that life treats us. And photography has a redeeming nature for Salvans; it is a way of relating to people, animals and things, a mantra of unknown inner roots that helps him modulate reality as a way of incorporating it. To speak of passion referring to someone who plies his trade so intensely is not enough; photographs become his way of life. Salvans turns photographic practice into a constant articulation of captured impulses and gestures; he is a clear example of someone who thinks by means of the images he produces. Therefore, he is also someone who upon taking a photograph not only confirms reality but also simultaneously projects a judgment on it, an aesthetic analysis of the way in which it shows itself to him, and he concludes the process by dealing with the connection of what is in front of his camera with the mental images he associates with the moment, the replies given by his body and the emotions that any process creates. Only words are left out, even though he is an extremely effective orator in other phases of his life.

When images are made and understood with intensity, only poetic language seems capable of disputing with them the ability to penetrate the world's most intricate mysteries. In fact, good photographs are like good poems: concentrated units of meaning that penetrate the armour of the literal to facilitate our understanding of the mind's deeper layers. This photography is found in some artists who are able to make us see what cannot be said and have us intuit meanings when we see their images that connect the complexity of a feeling with the deep superficiality of sensations we can perceive without being in contact with any similar physical stimulus. The viewer then lives a temperature, a breeze, a texture or some background sounds due to the suggestion implicit in the possibilities of some images: synaesthesia without previous experience, an unexplainable knowledge based on some of the tiny fragments that are photographs.

Of all the rhetorical forms that poetic language is capable of developing, photography obtains the best results from metonymy. It is the being present in the place and at the moment that Cartier-Bresson showed us so well, that proximity pregnant with meaning, that physical connection that grants photography the nature of a select track that it has never lost, all bringing us closer to the highest levels of photographic expression. Salvans knows all the potential of staying in the places, of letting reality combine the disperse elements of which it is composed until offering those moments of condensed meaning that, converted into images by an alert photographer, give us the joy of understanding and sharing. The imagination has never been able to reach the depth and variety that reality offers and photography captures.

Furthermore, Salvans acts as a creator who knows he is a user of a first-class social tool, one that has now made visual sociology a scientific discipline. What seems to justify the voracity with which Salvans approaches, surrounds and captures the essence of some of his contemporaries' significant practices is, in fact, a profound curiosity for society. Intuitively self-taught, his interest in human groups and the psychology of the figures involved in his stories has developed as his work has matured. With his oeuvre, he seems to compose a confused, indecipherable panel of subjects in society, and just as in the iconic map with which when he began to work he tried to explain to us – and perhaps explain to himself – the reason for interweaving apparently unconnected stories. With that he made at the same time a visual product that aspired to be a map representing the outline of a way of rethinking his impulses when the time came to relate realities and give them continuity or park them on an abandoned siding, exactly as in the plan of an underground system under construction. Following that phase of extreme intensity marked by the fever of invading with his wide-angle lens and anular flash the physical centre of so many human relationships, Salvans has relaxed a bit and has moved his way of working toward a more reflexive photography represented by the use of larger formats, and a much calmer photography almost similar to that of the "post-industrial" landscape photographers who are so numerous. The difference is, as he himself recognises, the lively presence of human beings inhabiting these spaces, which Salvans does not avoid, which distances his work from the approval of official photography critics who protect the interests of collectors who prefer not to have the human condition interrogating them from the walls of their homes or offices.

Until reaching the plate camera: in one of his latest series a curious dissociation arises in Salvans's work between a style that seems to obey the canons set by current artistic photography and a final result that contradicts the chosen style by the vivid narration of a story about the most hidden human motivations and the way in which they acquire public expression. The photos of prostitutes along the Spanish highways, one of his latest projects, is a very incisive essay on the connection between the sexual desire of customers who are never visually confirmed and the stereotyped ways of showing them as the prostitutes' object amid some meaningful settings that speak of the cultural and economic context in which these transactions take place. Unlike the times of Brassai or Colom, this exchange occurs in full daylight in the midst of desolate landscapes that Salvans is totally justified in representing by the overexposure that produces almost white images, an expression of the light blindness that occurs when we throw light on something that has been in the shadows.

Definitively installed in the paradoxical status between what it shows and what it suggests, photography can only be understood by accepting that its meaning depends on a dialectic in which neither of the two aspects can impose itself to annul its complement. Txema Salvans senses this and, willing to follow the new forms that this language can continue to reveal to arrive at more profound and varied ways of meaning, he turns his recording drive into a social function that is as scarce as it is necessary: high intensity photographic mediation.

PHoto**Bolsillo**

Director de la colección / Series Editor
Chema Conesa

Diseño original / Original Design
Fernando Gutiérrez

Coordinación / Coordination
Doménico Chiappe

Producción / Production
Naiara Garro

Traducción / Translation
Herrán Coombs S.C.

Fotomecánica / Photomecanics
Cromotex

Impresión / Printer
Brizzolis

© de las imágenes / Image
Txema Salvans

© del texto / Text
Pepe Baeza

© de la presente edición / Present Edition
La Fábrica, 2011

ISBN
978-84-92841-58-5

Depósito legal
M-7661-2011

LA FABRICA EDITORIAL

Editor / Publisher
Alberto Anaut

Directora editorial / Editorial Director
Camino Brasa

Director de Desarrollo / Development Director
Fernando Paz

Producción / Production
Paloma Castellanos

Organización / Organiser
Rosa Ureta

La Fábrica Editorial
Verónica, 13
28014 Madrid
Tel.: 34 91 360 13 20
Fax: 34 91 360 13 22
e-mail: edicion@lafabrica.com
www.lafabricaeditorial.com

Una coedición entre / A Coedition Between

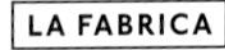

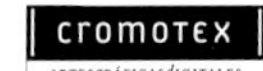

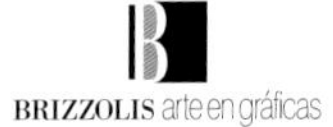

**Biblioteca
de Fotógrafos Españoles**

Xavier Miserachs
Nicolás Muller
Humberto Rivas
Ricky Dávila
Koldo Chamorro
Francesc Català-Roca
Carlos Pérez Siquier
Luis Pérez-Mínguez
Gabriel Cualladó
Javier Vallhonrat
Miguel Trillo
Pilar Pequeño
César Lucas
Fernando Gordillo
Agustí Centelles
Baylón
Isabel Muñoz
José María Díaz-Maroto
Cristóbal Hara
Antonio Tabernero
Alberto García-Alix
Pablo Genovés
Clemente Bernad
Carlos Serrano
Ramón Masats
Óscar Molina
Cristina García Rodero
Pablo Pérez-Mínguez
Joan Fontcuberta
Navia
Ricard Terré
Fernando Herráez
Oriol Maspons
José Ignacio Lobo Altuna
Xurxo Lobato
Genín Andrada

Valentín Vallhonrat
Vari Caramés
Juan Manuel Díaz Burgos
Ferran Freixa
José Antonio Carrera
Manuel Vilariño
Kim Manresa
Rafael Navarro
Toni Catany
Luis Escobar
Marta Sentís
Chema Madoz
Ciuco Gutiérrez
Alberto Schommer
Ouka Leele
Manel Esclusa
Laura Torrado
Ángel Marcos
Ortiz Echagüe
Francisco Ontañón
Carlos Saura
Alfonso
Juan Manuel Castro Prieto
Pep Bonet
Juantxu Rodríguez
Paco Gómez
Virxilio Vieitez
Gonzalo Juanes
Rosa Muñoz
Leopoldo Pomés
José Ramón Bas
David Jiménez
Leonardo Cantero
Jordi Socías
Colita
Alfredo Cáliz
Gervasio Sánchez
Txema Salvans

**Biblioteca de Fotógrafos
Latinoamericanos**

Luis González Palma
Casasola

**Biblioteca
de Fotógrafos Africanos**

Jean Depara
Samuel Fosso

Próximos títulos / To Be Published

Matías Costa

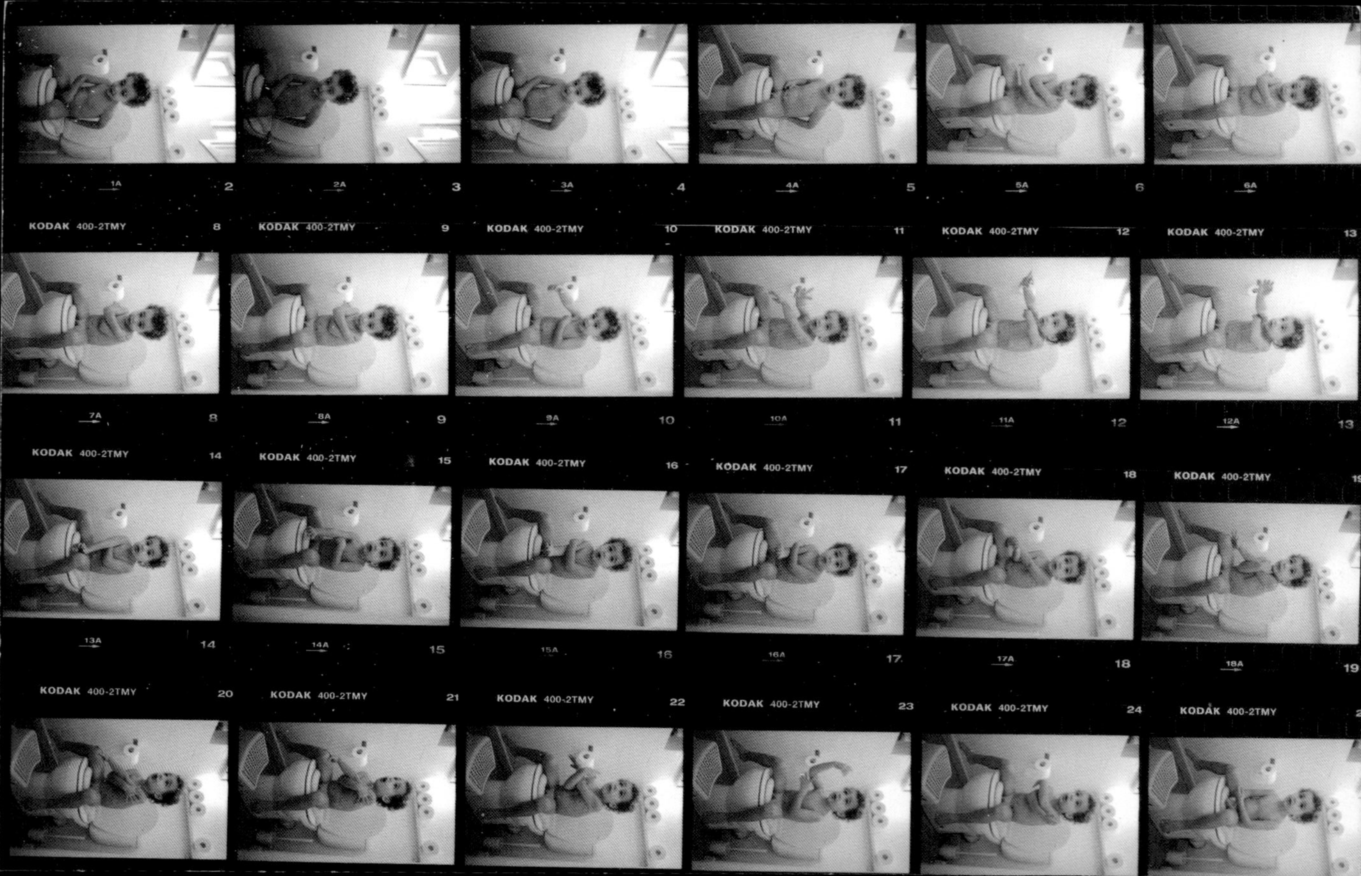

KODAK 400-2TMY